행복한 엄마가 되는
감정 공부법

사춘기 아이의 감정과 마주하며 행복한 엄마로 성장하는 마음코칭
행복한 엄마가 되는 감정 공부법

초판인쇄	2022년 3월 21일
초판발행	2022년 3월 25일
지은이	홍주희
발행인	조현수
펴낸곳	도서출판 프로방스
기획	조용재
마케팅	최관호
편집	권수현
디자인	토 닥
주소	경기도 고양시 일산동구 백석2동 1301-2
	넥스빌오피스텔 704호
전화	031-925-5366~7
팩스	031-925-5368
이메일	provence70@naver.com
등록번호	제2016-000126호
등록	2016년 06월 23일

정가 15,000원
ISBN 979-11-6480-186-2 03370

행복한 엄마가 되는
감정 공부법

사춘기 아이의 감정과 마주하며
행복한 엄마로 성장하는 마음코칭

홍주희 지음

프로방스

나는 사춘기 아이의
엄마이다

코로나와 함께 국경도 닫히고 아이의 방문도 굳게 닫혔다.

어떤 아이에게는 언제 왔었는지도 모르게 지나가는 사춘기일 수 있다. 내 아이에게는 한 번도 아닌 두 번의 큰 성장의 고통으로 다가왔다. 어려서부터 예민하기는 했지만, 배려심 많고 속 깊은 아이의 갑작스러운 변화는 걱정 많은 엄마에게는 너무도 낯설고 두려운 시간이었다. 누구나 겪는 사춘기를 유독 혹독하게 앓고 있는 아이를 이해하고 도움을 주고 싶어도 방문과 함께 굳게 닫힌 아이의 마음을 열기는 쉽지 않았다. 아이의 방문이 닫혀있는 시간이 길어질수록 불안감은 높아져만 갔다.

아이의 첫 번째 사춘기는 난생처음 감정 공부를 시작하게 된 계기가 되었다. 낯선 도전이었지만 오랜 세월 나만의 고집스러운 육아의 틀을 벗어나 감정코칭형 부모로 거듭날 수 있었던 소중한 시간이었다. 스스로 만들어 놓은 틀이 정답이라고 생각하면서 그 틀에 아이를 끼워 맞추려 했던 부끄러운 엄마의 모습을 되돌아볼 수 있는 성장의 기회이기도 했다.

그것으로 끝난 것은 아니었다. 전문강사 자격증까지 취득하면서 나름 감정코칭형 부모로서 아이의 감정을 충분히 이해하고 소통하고 있다는 자신감은 두 번째 사춘기와의 만남으로 송두리째 날아가 버렸다. 남은 것은 오직 자만과 오만으로 똘똘 뭉친 나의 추한 민낯뿐이었다. 나름대로 열심히 공부했다고 생각했던 감정코칭법이 진실한 마음으로 아이를 위한 것이 아니라 보여주기식의 자랑거리였다는 것을 알게 되었다. 그렇게 아이와 길고 깜깜한 사춘기 터널을 다시 통과하면서 진정한 감정코칭법이 무엇인지 또 어떻게 아이와 소통하는 것이 아이와 엄마가 함께 행복할 수 있는 것인지에 관한 방법을 찾아 나가게 되었다.

부모가 자기 생각을 배제하고 아이를 있는 그대로 보기는 쉽지 않다. 감정코칭을 공부하고 그동안의 경험을 통해 나와 아이의 모습을 다양한 각도에서 볼 수 있는 힘을 기를 수 있었다. 굳게 닫혀 있는 아이의 마음을 진실하게 봐 주는 힘은 나를 변화하게 했고, 그 변화의 힘은 또한 아이를 서서히 변화하게 했다. 오로지 아이의 감정을 이해하고 소통을 위해 시작한 감정 공부가 나를 알아가는 시간으로 발전해갔다.

낯선 사춘기 덕분에 한 번도 생각지 않았던 감정 공부를 시작하면서 아이뿐만 아니라 나의 감정과도 마주하게 되었다. 한동안 회피하거나 무시했던 나의 감정과 마주하는 시간은 아프기도 했지만 행복했다. 나 자신에게 여유가 생기니 주변을 살펴볼 수 있는 여유 또한 생기는 것이 놀라웠다. 이렇게 나의 감정을 알아간다는 것이 마음의 여유로, 나아가 감사함으로 이어졌다. 여러 힘든 과정들이 있었지만, 아이의 사춘기 또한 감사함으로 받아들일 수 있었다.

감정을 마주하다 보니 다양한 책을 읽기 시작했고, 감정과 싸우다 보니 글을 쓰기 시작했다. 천천히 나를 찾아가는 시간이 많아질수록 나와 마주하는 시간이 예전처럼 두렵지만은 않다. 이렇게 '사춘기 엄마의 감정 공부'는 사춘기 아이와의 힘든 시간을 통해 행복한 엄마로 성장하는 여정을 그린 책이다. 머리가 아닌 마음으로 아이의 감정을 이해함으로써 아이가 어떤 문제든 스스로 해결할 수 있는 능력을 키워주는 실천형 감정코칭법을 단계별로 담고 있다. 엄마가 행복해야 아이도 행복할 수 있다는 진리를 통해 아이와 함께 행복한 엄마로 사는 방법을 제시하고자 한다.

아이의 사춘기가 곧 엄마의 사춘기이기도 하다. 사춘기는 어린 아이가 아닌 이제는 한 인격체로 성장해 가는 아이와 엄마가 함께 성장하는 시기이다. 감정 공부는 아이와의 소통뿐만 아니라 엄마 자신의 마음을 챙기는 길이기도 하다. 감정코칭형 엄마로 자녀와 함께 행복하기 위해서는 엄마의 감정도 소중하다는 것을 잊지 말아야 할 것이다.

아무리 힘든 시간이라도 흘러가게 되어있다. 정신적으로 육체적으로 상처를 남기기도 하지만 언제나 깨달음을 선물하고 간다. 그 깨달음이 긍정적인 변화의 시작이 된다는 것을 알고 있는 지금은 행복하다.

매일 같이 살얼음을 걷는 것 같은 사춘기 아이와의 시간이 고통이 아닌 자신을 알아가고 행복을 선택하는 기회의 시간이 되길 간절히 소망한다.

천천히 성장 중인 행복한 엄마
홍 주 희

차 례

Part 1

올 것이 왔다. 사춘기

내가 알던 아이가 사라졌다

아이는 낳기만 하면 자기들이 다 알아서 잘 큰다는 어른들의 말처럼 아이를 낳으면 어떻게든 잘 클 줄 알았다. 하지만 그것은 나의 희망 사항이었다. 어느 정도 힘들 것이라 각오는 했지만, 현실은 훨씬 더 혹독했다. 아침에 눈을 뜨고 밤에 쪽잠을 잘 때까지, 쉴 새 없이 반복되는 '수유하기-기저귀 갈기-빨래하기-젖병 삶기' 등의 삶은 상상 이상으로 힘들었다. 하지만 새근새근 자는 아이를 보고 있으면 모든 근심이 사라지고 마음의 평온함을 느낀다.

일이 아무리 힘들어도 아이의 웃음 한방에 모든 피로와 힘듦이 눈 녹듯 사라진다. 언제 힘들었느냐는 듯이 힘이 솟고, 아무리 졸리고, 힘들고, 피곤해도 이내 다시 일상으로 돌아오게 된다. 그렇게 엄마가 된다는 것은 내가 아닌 아이의 엄마로 새로 태어나는 것이다. 아이가 순하든 예민하든, 결혼과 출산 이후 여자의 삶은 180도 바뀔 수밖에 없고, 아이를 키우면서 점점 더 강한 모성애를 갖게 된다.

살다 보면 힘든 날도 많지만 사랑받고 사랑하고 사는 날들이 더 많다. 나에게 가장 큰 축복은 인생을 함께할 사랑하는 배우자를 만나 가정을 꾸리고 사랑스러운 아이들을 선물로 받은 것이다. 아이를 낳고 책임져야 한다는 것이 조금은 두려웠지만, 설레는 마음으로 태어날 아이를 기다렸다. 엄마, 아빠의 사랑을 온전히 전하기 위해 태명을 불러주고, 좋은 책과 음악을 들었다. 그렇게 새 식구를 맞이하기 위해 성심성의껏 부모가 될 준비를 했다.

예민한 아이

축복 중의 축복인 첫 아이와의 만남은 그리 순조롭지는 못했다. 태어나자마자 다리에 문제가 있어서 깁스해야 했다. 신생아를 어떻게 안는지도 모르는데, 가는 발에 석고붕대를 감고 일주일마다 교체하는 것은 아이에게도 나에게도 쉬운 일은 아니었다. 마음껏 다리를 움직이고 싶어도 무거운 한쪽 다리 때문에 마음대로 움직일 수 없어 많이 불편했을 것이다. 그 때문인지 항상 예민했고 울기도 엄청나게 울어서 잠과의 전쟁은 쉽게 끝나지 않았다.

첫 아이여서 모든 것이 처음이었다. 산후조리원도 안 가고 집에서 몸조리했을 때 삐질삐질 땀을 흘리며 석고붕대를 풀었던 아이의 첫 목욕은 지금도 그 긴장감이 고스란히 느껴진다. 아이를 키우면서 응급실 한번 안 가 본 부모가 어디 있을까? 이런저런 이유로 가슴을 쓸어 담을 때가 한두 번이 아닐 것이다. 큰 아이의 경우는 태어나자마자 한 달 동안 4차례 깁스를 했고, 수술도 두 번이나 했다.

생후 15개월 된 어린아이를 품에 안고 전신마취를 한 후 수술실로 보내야 했다. 탈장 수술은 흔한 수술이니 걱정하지 말라는 주변 사람들의 말은 귀에 들어오지도 않았다. 한 시간 반의 수술은 시곗바늘이 멈춘 것처럼 더디게만 지나갔다. 그 기억이 채 가시기도 전에 4살 돌 즈음 되던 해에 반대쪽 탈장으로 또 수술실에 들어가야만 했다. 두 쪽 다 수술하는 녀석은 드물다는 의사 선생님의 말씀에 첫 번째 수술에 대한 두려움과 공포의 기억이 쓰나미처럼 밀려 들어왔다. 다행히 두 차례의 수술은 무사히 잘 끝났고 지금까지 건강히 잘 크고 있다.

어려서부터 몇 차례의 수술이 아이에게는 큰 트라우마로 남을 수 있다는 것을 감정코칭 수업을 받으면서 알게 되었다. 너무 어린 나이라서 수술 자체에 관해 기억하지는 못하지만, 영유아 의료 트라우마로 예민해지고 까칠해질 수 있다 했다. 아이가 어렸을 때는 무엇 때문에 이렇게도 예민할까 걱정만 하고 예민함을 다 받아주지 못했는데 이유를 알고 나니 여러 면에서 아이의 예민한 행동을 이해할 수 있었다.

아이의 예민함은 유치원에 가서도 나아지지는 않았다. 동생이 생긴 이후 등원 거부가 시작됐고 가는 날보다 안 가는 날이 더 많았다. 등원 버스를 거부하는 날이면 두 아이를 온전히 친정엄마에게 맡기고 출근하는 나는 언제나 죄인처럼 느껴졌다.

아이만의 색과 모습

어느덧 초등학교 입학할 시기가 되었다. 예민한 성격의 아이가 학교생활에 잘 적응할 수 있을까 싶었다. 서울에 있는 아주 작은 초등학교에 입학했을 때 교장 선생님께서 하신 말씀이 아직도 귀에 생생하다. "모든 아이는 별입니다. 그들만의 모양을 가지고 있습니다. 어떤 아이는 동글동글하고, 어떤 아이는 네모지고, 또 어떤 아이는 조금 뾰족합니다. 이 아이들이 자기만의 모양을 잘 살릴 수 있도록 교육하겠습니다."라고 하셨다. 나는 그 말에 너무나 감사했다. 예민하고 마음이 여려서 학교에 잘 적응할 수 있을까 싶은 고민을 조금은 덜 수 있었기 때문이다. 내가 본 아이의 모습은 항상 뾰족뾰족했다. 여리고 착하지만 예민할 때는 하염없이 예민하고, 고집 또한 세서 한번 마음을 먹으면 어떤 협상, 타협, 협박이 통하지 않았다. 독특하고 특별한 이 아이가 초등학교 생활에 잘 적응하기를 바랄 뿐이었다.

모든 아이는 다 각자의 특색이 있다. 하지만 어느 순간 일률적인 교육 시스템 속에서 그 독특함과 특유한 색깔을 잃고 같은 모양과 같은 색으로 변해야 하는 상황에 놓이기도 한다. 그러면서 아이들은 여러 가지 스트레스에 노출되고 만다.

유치원 때보다 초등학교 생활에 잘 적응해 가는 아이에게 감사한 마음마저 들었다. 중간중간 고비는 좀 있었지만, 친구들과도 잘 지내고 학업도 잘 따라가 줘서 큰 고민 없이 지나갔다. 부모의 욕심으로 공부를 좀 더 잘했으면 하는 마음은 있었지만, 어차피 공부는 장거리 마라톤과 같아서 당장 공부에 흥미가 없다고 아이를 억지로 학원에 보내지는 않았다. 아니 솔직히 말하면 신경은 쓰였지만, 점차 공부에도 관심을 보일 것이라 믿고 싶었다.

내가 알던 아이가 사라졌다

그렇게 초등학교에 적응하고 잘 마무리 하나 싶었는데, 전혀 올거 같지 않았던 아니, 오는 것이 두려웠던 사춘기가 6학년 때부터 시작됐다. 부모 대부분이 아이들이 초등학교 고학년이 되면 곧 사춘기가 시작될 것을 인지하고 있다. 요즘은 사춘기가 점점 더 빨라져서 초등학교 저학년 때부터 시작되는 경우도 많다. 아이의 눈빛과 말투를 보면 슬슬 달라짐을 느낄 수 있다. 작은 것에도 화를 내기 시작하고, 방문을 세차게 닫는 횟수도 점점 많아진다. 더욱 눈에 띄게 달라지는 것은 핸드폰과 함께 하는 시간이 급속하게 늘어난다는 것이다.

어렸을 때는 조금만 꾸중 들어도 바로 울던 아이가 어느 순간 어떤 소리에도 눈물은커녕 눈은 45도 아래를 내려다보거나 말하는 동안 딴청을 부리기도 한다. 눈빛도 사뭇 달라져서 어린아이의 눈빛은 더 찾아보기 힘들다. 말이 많은 편은 아니었지만 그래도 대화하고 함께 웃던 아이가 웃음기 없는 얼굴로 쳐다볼 때는 내가 알고 있던 아이가 아닌 듯했다. 무엇 때문인지 모르지만, 화가 나면 쾅하는 소리와 함께 방문이 닫혔고, 한번 닫힌 문은 쉽사리 열리지 않았다. 속 시원하게 얘기를 하면 이해라도 하겠지만, 물어봐도 돌아오는 것은 냉랭함뿐이었다. 내가 알고 있던 예민하지만 착한 아이의 모습은 온데간데없이 사라져버렸다.

지난줄 알았던 사춘기가 다시 왔다

초등학교 1학년, 방과 후 활동으로 축구부에 등록했지만 재미없다는 이유로 축구를 다시는 하지 않겠다고 했다. 그런 아이가 초등학교 고학년이 되면서부터는 축구에 빠지면서 꿈도 축구선수로 바뀌었다.

하루는 단단히 심통이 난 아이가 "다들 내가 축구를 제대로 시작도 안 했는데 왜 미리 안 될 거라고만 하는지 모르겠어요."라고 짜증을 내며 말했다. 보통 우리나라에서 운동선수가 되려면 어렸을 때부터 관련 운동을 시작하고 체력적인 조건들도 뒷받침되어야 한다. 하지만 아이는 (나와는 반대로) 아무리 많이 먹어도 살이 안 찌는 체질이다. 주변에서 아이가 축구선수가 되고 싶다고 하면 겉모습만 보고 그 체격으로 어떻게 하겠냐는 말을 많이 했다. 나를 포함해서 말이다. 키는 컸지만, 워낙 마른 체형이라 그런 말을 듣는 건 어쩌면 당연했다.

대부분 초등학교 고학년이 되면 취미로 했던 운동도 그만두는 시기인데 축구를 배우고 싶다는 말에 6학년 때부터 축구 클럽에 가입하여 운동을 시작했다. 새로운 것을 배워도 마음에 안 들면 안 가는 경우가 많은 아이인데 축구만은 달랐다. 그렇게 시작한 축구 덕분에 빨리 시작된 사춘기는 끝이 보이는 듯했다.

중학교 3학년이 되면서 같은 또래의 친구들도 없고, 어린 동생들과 같이하는 운동이 불편해서 축구 클럽을 그만둘 수밖에 없었다. 이미 선수가 되고자 하는 친구들은 중학교 때부터 관련 학교로 진학했고, 취미 활동으로 축구 클럽을 하는 중학생은 거의 없었다. 그렇게 축구에 대한 열정은 학교에서 축구부 활동을 하는 것으로 충족해야 했다.

또래 친한 친구들에 비해 빨리 치른 사춘기 덕분에 중학교 생활 또한 운동과 함께 재미있게 보낼 수 있었다. 무섭다는 중2도 미리 치른 초등 사춘기로 무난히 지나가는 듯했다. 평소에 운동 외에는 흥미가 없어 보였던 아이가 3학년이 되면서 하라는 말을 하지 않아도 공부하기 시작했다. 1, 2학년 때와는 다르게 성적도 많이 오르고, 책상에 앉아서 공부하는 뒷모습도 달라졌다. 한 만큼 성적도 오르니 공부에 대한 성취감도 높아졌다.

그렇게 빨리 찾아온 사춘기를 축구 덕분에 잘 보낼 수 있었고, 중학교 생활도 마무리가 되어갔다.

끝났다고 해서 끝난 것이 아니다

늦게 시작한 공부라 고등학교 선행학습은 거의 되어있지 않았다. 주변을 보면 1년 이상의 선행은 기본이고 이미 수학 같은 경우는 여러 번 반복 학습한 아이들도 많았다. 교육에 관한 얘기를 시작하면 한도 끝도 없겠지만, 지나친 선행이 꼭 필요하다고는 생각하지 않았다. 아이에게도 수업 진도를 빨리 나가는 것이 적합하지 않았기 때문에 선행을 강요하지 않았다.

막상 고등학교에 입학하려니 마음이 조급해지기 시작했다. 아이보다는 나의 마음이 더 조급해졌다는 것이 더 솔직한 표현일 것이다. 중학교에서 느끼지 못했던 선행에 대한 중압감이 나를 압도했다. 학원 설명회를 가면 내 아이만 제대로 못 한 느낌이 들었고 학업 상담을 받다 보면 어떻게 이리도 선행을 안 시켰냐고 무안을 주는 곳도 있었다. 그래서 입학 전까지 조금 빡빡하게 진도를 나가자고 아이와 상의한 후 몇몇 학원과 과외를 병행했다. 하지만 그때까지만 해도 그것이 내 생애에 가장 잘못한 결정이었고 씻을 수 없는 아픔으로 남을 것이라고는 생각조차 하지 못했다.

짧은 시간에 많은 수업이 아이에게 과부하로 작용했다. 많은 과제를 제대로 못 해 가면서 듣게 되는 선생님의 지적들이 이 아이에게는 독이 되었고 자존감마저 떨어지게 했다. 학원에서는 결과 중심적이기에 그럴 수도 있었을 것이다. 하지만 수업마다 보는 테스트 성적으로 줄 세우는 것이 아이에게는 '너는 뭐 하는 아이야. 남들 다하는데 넌 왜 안 하는데? 넌 해도 안 되는 아이야'로 마음에 새겨졌다.

아이는 서서히 말이 없어져 갔다. 웃음이 없어졌다. 그리고 눈빛이 달라졌다. 끝났다고 생각했던 사춘기가 진짜로 끝난 것이 아니었다.

코로나와 함께 다시 돌아온 사춘기

학업적으로 많은 스트레스를 받은 아이는 모든 학원 수업을 거부했다. 아이의 얼굴을 보면 강제로 가라고 할 수 없을 정도였고 아이의 마음은 굳게 닫혀 있었다. '해도 안 되는데 왜 해야 하느냐'고 말했을 때는 '하면 된다'고 말해 주고 싶었지만, 어떤 말도 할 수 없었다. 그저 아이의 말만 귀 기울여 들어줬다. 그렇게 해서 다니고 있었던 모든 학원을 그만두었다. 조금 빨리 가고자 했다가 오히려 모든 것이 정지되고, 하고자 했던 모든 열정마저 빼앗겨 버렸다.

더욱이 코로나가 시작된 2020년도는 모두에게 가혹한 한해였다. 중학교 졸업식도 제대로 못 했을 뿐만 아니라 고등학교 입학 시기도 늦춰졌다. 희망했던 고등학교에 들어가지 못하고 생각지도 않았던 고등학교에 배정을 받은 것도, 표현은 안 했지만, 아이에게는 큰 절망이었을 것이다. 아는 친구 한 명 없는 학교에 적응해야 하는데, 코로나로 학교도 제대로 못 가고, 수업도 온라인으로 대신해야만 했다.

해도 안 된다는 마음이 강했던 아이는 온라인 수업도 제대로 들으려 하지 않았고 혼자 방에 있는 시간이 많아졌다. 다 큰 아이에게 잔소리로 무엇을 하게 하는 것은 더는 가능하지 않았다. 한 달 이상 늦춰진 개학에 아이는 학교와 더더욱 멀어졌고 밤낮이 바뀌면서 생활방식은 엉망이 되어갔다. 그렇게 다시 질풍노도의 시기가 시작됐다. 초등학교 때의 사춘기와는 비교도 할 수 없을 정도로 더 세고 강하게 돌아왔다.

아이의 방문도 닫히고 마음도 닫혔다

코로나와 함께 다시 시작된 사춘기는 초등학교 때와는 비교할 수 없을 정도로 강력했다. 새 학기가 시작되었지만, 코로나로 인해 제대로 된 수업이 이루어지지 못했다. 한 번도 해 보지 않았던 온라인 수업을 해야 했고, 교내에서는 마스크를 벗지 못했다. 친구들과도 쉽게 친해질 수 없는 환경이 되어버렸다. 소극적이고 내성적인 아이에게는 이런 낯선 변화들이 학교생활 적응에 더 큰 걸림돌이 되고 말았다.

온라인 수업은 제대로 안 들을 뿐만 아니라 수업을 빠지는 횟수도 잦았다. 대화로 소통을 해 보려 했지만, 말도 하지 않고 혼자 방에만 있는 시간은 점점 늘어났다.

서점이나 인터넷을 검색하면 사춘기란 무엇이며, 그에 따른 사춘기 아이의 행동에 관한 도서와 글을 너무나 쉽게 찾아볼 수 있다. 또한, 청소년 우울증에 관한 내용도 많이 접할 수 있다. 여러 자료를 찾아보면서 도움이 될 수 있는 내용은 있는 데로 검색하고 읽기 시작했다. 첫 사춘기를 보내면서 공부하기 시작한 감정코칭에 대해서도 더욱 실천하고 아이를 이해하고 소통하기 위해 애를 썼다.

그런데도 아이의 마음 문은 학교에 안 가는 날이 많아질수록 더욱 굳게 닫혀가고 있었다.

아침이 무서웠다

매일 아침이 폭풍전야였다. 등교 시간에 맞춰 학교 담임선생님은 거의 매일 전화를 주셨다. 아이의 상태를 확인하고 등교 여부를 확인하셨고 나는 그 전화벨이 울릴 때마다 마음을 졸여야 했다. 학교에 갈지 안 갈지 또는 온라인 수업에 들어가는지 매 순간 신경전이었다. 참을 만큼 참다가 화도 내보고 타일러도 보고 안 해본 것 없이 다 해 봤지만, 아이의 마음은 쉽게 열리지는 않았다.

아침에 아이의 표정을 보면 오늘 학교에 갈지 안 갈지 파악할 수 있을 정도였다. 교복을 입고 등교하는 모습을 볼 때면 이내 기쁘고 '감사합니다.'라는 말이 저절로 나왔다. 어떤 날은 방과 후 학교에서 있었던 일들을 얘기하는 모습을 보면 이제는 점점 학교에 적응하나 싶기도 했다. 하지만 그런 행복도 잠시, 어느 날은 또 세상과의 대화를 차단했다.

간혹 내 친구들한테 하소연하듯 얘기하면, 애가 일어나든 말든 절대 깨우지 말고 그냥 두라고 했다. 물론 그냥 둘 때도 있었다. 자기 인생 알아서 하겠지 싶고 언제까지 깨우고 매일 아침 난리를 치며 학교에 보내야 하나 싶기도 했다. 하지만 혼자 방에 있는 시간이 길어질수록 아이가 세상과 모든 것을 단절할까 봐 겁이 났다. 때로는 컴컴한 자기 방에서 아무 미동도 없이 잠만 자는 모습을 보면 칼로 가슴을 도려내듯 저리고 아팠다.

함께 한 공간에 있는 것만이라도 얼마나 감사한 일인가 싶었다. 그렇게 감사함을 찾으며 하루하루를 버티고 있었다.

해도 안 되는 아이

어느 날 아이가 심각하게 대학에 가야 할 이유도 모르겠고 공부를 해야 할 이유도 모르겠다고 했다. 자기는 해도 안 되는 아이이니까 모든 기대는 접으라고 으름장을 놓았다. 아마도 아이의 머릿속에는 대학을 가려면 좋은 대학을 가야 하고, 그래야 제대로 된 회사에 취직해서 돈 벌면서 사회생활을 할 수 있다고 생각한 것 같다. 어느 정도 맞는 말이다. 하지만 그것만이 길일까?

몇 년 전의 일이다. 옛 상사가 외국인 학교 다니는 자녀의 작품 전시회를 보고 와서는 흥미로운 이야기를 해주었다. '나의 인생 계획(My life plan)'이라는 전시 제목으로 10대, 20대 그리고 그 이후의 삶을 그림으로 표현하는 전시회였다고 한다. 상사가 놀랐던 것은 많은 한국계 학생들이 거의 비슷한 패턴의 삶을 그렸다는 것이다. 어려서는 외국인 학교에 다니고 우수한 성적으로 졸업해 하버드 대학과 같은 명문대에 입학하여 석·박사를 마치고, 다국적 기업에 다니다가 임원으로 은퇴하고 노후를 편하게 보내고 생을 마감한다는 것이었다. 어떻게 보면 삶의 목표가 명문대에 입학하는 것이 아닌가.

그런 패턴이 내 아이에게도 은연중에 자리 잡고 있었던 것 같다. 잘 살기 위해서는 좋은 대학에 들어가야 한다는 것 말이다. 우리 부부가 명문대를 가야 한다고 또 반에서 반드시 상위권에 들어야 한다고 공부를 강요하지도 않았는데도 아이는 이미 그런 틀 안에 갇혀있었다. 때로는 이래도 되나 싶을 정도로 편하게 공부하도록 했는데 가정 밖 학교와 학원 분위기는 너무나 달랐다. 대학이라는 같은 목표를 가지고 모두 한 방향으로 전진하는 분위기. 학원을 안 다니는 아이가 없을 정도로 사교육이 당연한 현실. 때로는 학원을 안 다니면 학교 수업을 제대로 따라갈 수 없을 정도로 사교육이 공교육의 중심에 서 있는 오늘. 점점 과열되는 입시 현상 때문에 'SKY 캐슬'과 같은 드라마가 높은 시청률을 자랑하지 않았나 싶다.

고등학교에 들어와서 중학교 때 학원에 다니면서 느끼지 못했던 경쟁적인 구조와 잘한 것보다 못한 것에 초점을 두는 학원 환경이 아이 성향에는 더욱더 맞지 않았다. 다른 사람 눈에는 열심히 안 하는 것처럼 보이겠지만, 아이의 처지에서는 하는데도 계속하라 하고, 쉼 없이 목표 없이 달려야만 한다고 느꼈을 것이다. 성적으로 줄 세우는 학교와 학원에서 받는 스트레스로 인해 스스로는 해도 안 되는 아이로 결론을 내린 것이다.

방문도 마음 문도 닫혔다

그렇게 해서 아이의 방문도 아이의 마음도 굳게 닫혔다. 어려서부터 한 번 마음을 먹으면 절대 요지부동인 것을 알기에 등교 또한 본인의 의지가 중요했다. 온종일 방에만 있고 입맛도 없어서 제대로 식사를 못 하는 날도 많았다.

　그 해 흘린 눈물이 지금까지 살면서 흘린 눈물보다 더 많았을 것이다. 아이의 방황을 보고 있는 것만으로도 힘들었다. 매일 아이를 위해 폭포수와 같은 눈물을 흘려가며 간절히 기도했다. 닫힌 마음의 문이 열리게 해 달라고 기도했고, 아이가 빨리 방황에서 벗어날 수 있도록 도와 달라고 기도했다. 끝이 보이지 않는 긴 터널을 통과하면서 아이를 위해 진심으로 기도했지만, 아이의 상황은 빨리 나아지지 않았다. 하루, 일주일, 한 달, 그렇게 시간이 흐를수록 나 자신을 위해 기도하지 않을 수 없었다. 모든 힘든 시간이 아픔으로만 남지 않기를 바랐다. 불안하고 불편한 마음이 아니라 담대한 마음으로 이 상황을 견딜 수 있도록 도와달라고 애원했다. 지금 당장 아이의 마음 문이 열리지 않아도 열릴 때까지 기다려 줄 힘이 필요했다.

　아이는 날개가 꺾인 새처럼 어떠한 힘도 없어 보였다. 시간이 지날수록 학교에 적응하기 힘들었고, 학교에 가지 않은 날들이 하루하루 늘어만 갔다. 다행히 좋은 담임선생님 덕분에 많은 배려와 격려를 받을 수 있었지만, 아이의 마음이 쉽게 열리지 않았다. 비록 많은 시간을 게임과 유튜브라는 공간으로 도망가 있었지만, 나름대로 아이도 고민하고 용기 내려고 노력하고 있었다. 무작정 등교 거부를 할 수 있는 상황이 아니라는 것과 언젠가는 학교에 관해 결정해야 하는 것을 아이 스스로가 더 잘 알고 있었다.

그렇게 학교를 정리하기까지 아이도 우리 부부도 수많은 생각과 고민으로 잠 못 이룰 때가 많았다. 이 방법밖에는 없는 것인지 묻고 또 물었다. 아이도 나도 한 번도 넘어보지 않았던 선을 넘는 것이 두렵고 떨렸다. 이 선을 넘으면 낭떠러지로 떨어질 것 같은 느낌에 선뜻 그 선을 쉽게 넘을 용기가 생기지 않았다. 자퇴 이후 어떤 상황이 펼쳐질지 전혀 예측할 수 없었지만, 가장 중요한 것은 아이와 내가 함께 호흡할 수 있는 길을 찾는 것이 중요했다.

그래 잠시 쉬어가자. 인생은 길고 나아갈 길은 한 길만 있는 것이 아니라 무수히 많은 길을 선택할 수 있고 또 찾아 나갈 수 있다고 믿었다. 지금 이 길만이 유일한 길은 아니라는 믿음으로 한 번도 넘어보지 않았던 선을 아이와 함께 넘었다. 그렇게 해서 코로나로 가장 힘들었던 그해 겨울, 아이는 학교를 그만두었다.

사춘기 아이의 엄마로 산다는 것

　직장 생활을 하면서 아이를 키우는 것은 혼자만의 힘으로는 할 수 없다. 아이의 정서를 위해 갓난아이 때부터 집으로 출퇴근하신 친정엄마, 아빠가 없었다면 25년 동안 직장 생활을 하는 것은 꿈도 꿀 수 없었다. 특히 친정엄마의 도움 없이는 사춘기 아이와의 기나긴 시간을 버텨내지 못했을 것이다.

　아이가 어렸을 때는 함께 놀아줘야 하고 잠도 푹 잘 수 없어서 육체적으로 힘들지만, 아이가 사춘기로 접어들면 육체보다 정신적으로 더 강해지지 않으면 버티기 힘들어진다. 직장 선배들에게 일하면서 힘든 사춘기 시기를 어떻게 이겨낼 수 있었느냐고 물어보면 대부분 비슷한 조언을 해 주었다. 시간이 해결해 준다고... 믿고 기다리면 그러다 괜찮아진다고… 어려서부터 부모와의 관계도 좋고, 아이의 성격도 좋으니 지금은 힘들지만 조금만 참으면 곧 돌아온다고….

사실 선배들의 위로와 조언이 그 당시에는 깊이 공감할 수 없었다. 세상에 나만 제일 힘들다고 생각하고 내 아이만 이렇게 힘들게 사춘기를 보내는 것 같았기 때문이다. '아무리 사춘기가 힘들어도 선배 아이들은 학교 그만두지 않았잖아요. 대학도 다 잘 들어갔잖아요.'라고 속으로만 반문했다.

시간이 흘러 힘듦에서 한걸음 빠져나와 좀 더 크게 생각해 보니 선배들의 말이 다 맞았다. 사춘기가 평생 가지는 않는다. 단지 언제 끝날지 모르는 이 시기를 하염없이 기다리는 것이 힘들 뿐이다. 매일 살얼음판 같은 사춘기가 언제 끝나는지만 알 수 있어도 편안하게 기다려 줄 수 있을 것이다. 하지만 언제 사춘기가 오고 언제 끝나는지 누가 알 수 있겠는가? 부모도 아이 자신도 모르는 일이다. 사춘기 아이의 엄마로 산다는 것은 결코 쉬운 일이 아니다.

기다림의 연속 – 인내를 배우다

시간이 지날수록 기다림이 답이라는 것을 알게 되었다. 이미 경험한 선배들의 말이 틀리지는 않는 것이다. 어떻게 보면 사춘기 엄마의 삶뿐만 아니라 아이를 양육하는 자체가 인내를 배우는 시간이 아닐까 싶다. 기다림의 연속 속에서 나를 내려놓고 인내를 배우게 된다.

인내하면 제일 먼저 생각나는 속담이 바로 '참을 인(忍)자 셋이면 살인도 피한다.' 일 것이다. 사전적 의미는 어떠한 어려운 상황에 있어도 끝까지 참고 나가면 무슨 일이든 해내지 못할 것이 없다는 말이다. 누구나 잘 알고 있는 속담 풀이를 사춘기에 비유해 보면 '아무리 사춘기 아이 때문에 속이 터지고 열이 받아도 화를 참고 견디면 집안의 평화가 찾아오고 지독한 사춘기도 언젠가는 끝이 난다.'라고 해석해 볼 수 있지 않을까?

학교, 학원 숙제도 안 하고 몇 시간씩 게임만 하는 모습을 보면 화가 머리끝까지 올라올 때가 하루 이틀이 아니지만 먼저 올라오는 화를 다스려 본다. 화를 낸다고 해결될 문제는 전혀 없기 때문이다. '숙제는 다 했니?', '게임은 몇 시간째 하는 거야?'라고 아무리 좋은 말투로 물어봐도 사춘기 아이의 반응은 반성이 아닌 반항으로 다가온다. 보통 먼저 성질을 내고 눈으로는 레이저를 뿜으며 방문은 떨어질 듯 세게 닫고 들어가 버리기 일쑤다. 이런 상황에서 인내하지 못하고 부모도 같이 흥분하고 화를 낸다면 사춘기의 터널은 점점 더 길어져만 갈 것이다.

아이와 사춘기를 함께 겪으면서 인내라는 말을 여러 각도로 해석해 봤다. 참으려니 속이 터질 것 같고 미쳐 버릴 것 같았다. 아무리 나를 내려놓고 인내를 배운다고 하지만 그게 그리 쉬운 일인가? 아이의 사춘기가 끝나기도 전에 내가 어떻게 될 것 같았고 무작정 이렇게 억지로 참다가 병이라도 생기는 거 아닐까 하는 염려도 생기기 시작했다. 끝이 나지 않을 듯한 암흑기에서 깨달은 것은 내가 생각하는 것에 따라 상황이 달라진다는 것이다. 내가 지금 상황이 지옥이라 생각하면 지옥이고, 지금이 천국이라 생각하면 천국이라는 것을 인지하게 되었다.

인내는 참고 견디는 것이다. 맞는 말이다. 하지만 억지로 참고 견디라는 말은 아니다. 억지로 참는 것은 인내하는 척하는 것이지 인내하는 것이 아닐 것이다. 척하는 것이 얼마나 힘든가. 잘난 척, 부자인 척, 착한 척, 사랑하는 척. 모두 다 내가 아닌 거짓이기 때문에 그로 인한 엄청난 스트레스는 오로지 나의 몫이다.

내 감정들을 견디려고 하니 하루하루가 힘들었다. 아침에 일어나서 아이의 상태를 확인하고 등교 여부를 확인하는 것도 나에게는 지옥과도 같았다. 화도 내고 소리도 고래고래 지르고 싶었다. 그렇게 하면 상황이 악화될 것이 명백한 사실이기에 참아야 했다. 인내하는 척하니 모든 에너지가 빨리 빠져나갔고 내가 진짜 집중해야 할 일에 집중할 수도 없었다.

억지로 참고 견디는 것이 아니라 편하게 인내할 방법은 없을까 고민하게 되었다. 편하게 인내한다는 말이 조금은 모순적이다. 인내하면서 죽을 것 같다면 누가 무슨 이유로 인내하라고 하겠는가. 억지가 아닌 진심으로 이해할 수 있다면 모든 것을 편하게 받아들일 수 있지 않을까?

방에서 나오지도 않고 며칠을 혼자만의 세상에 있는 아이는 어떤 감정일까? 얼마나 힘들까? 아이의 행동이 아니라 아이의 마음에 집중해 봤다. 내 생각과 감정을 누르고 참는 것이 아니라 무엇이든 있는 그대로를 받아 줄 수 있는 마음으로 아이의 마음을 바라봐 주려 했다.

모든 것이 하루아침에 바뀌지는 않았다. 하지만 천천히 아이의 모습과 마음을 온전히 인정해 줄 수 있는 힘이 생기기 시작했다. 아이가 바뀌기보다는 내가 아이를 바라보는 시선을 바꾸려 노력했더니, 훨씬 더 편하게 아이를 볼 수 있었다. 이전에 보지 못했던 면들도 보이기 시작했다. 기다림의 연속이었지만 아이를 믿기 시작하니, 그 믿음 안에서 나 자신을 조금 더 챙길 수 있었다. 척하는 것이 아닌 진심으로 편안하게 버틸 수 있는 인내를 배울 수 있었던 것이다.

살벌한 동거 – 큰 그릇의 어른이 되다

아이러니하게도 아이의 사춘기 시기가 엄마의 갱년기 시기와 비슷하게 올 때가 많다. 사춘기가 육체적, 정신적으로 성인이 되어가는 시기라면, 갱년기는 노화로 인해 심리적, 신체적 변화를 겪는 시기이다. 의학적으로 보면 둘 다 호르몬의 변화로 인해 심리적 감정적 변화뿐만 아니라 신체적 변화를 나타내고 있다. 그렇다면 갱년기와 사춘기가 서로 맞붙으면 누가 이길까?

많은 부모 카페나 블로그 글을 보면 갱년기가 이긴다고 한다. 나의 경우는 갱년기의 완패였다. 표현이라도 시원하게 하면 아이의 마음을 조금이나마 이해할 수 있으련만 말도 없이 이유도 모른 채혼자 방황하는 아이의 모습을 볼 때면 갱년기 증상은 티도 낼 수가 없었다.

한번 겪어서 익숙할 줄 알았던 사춘기가 레벨업되어 다시 오니육체적으로뿐 만 아니라 정신적으로도 감당하기 어려웠다. 첫 번째사춘기도 그 당시에는 힘겨웠지만, 다시 온 사춘기에 비하면 이전사춘기는 아이의 투정에 불과했다. 그때 아이와의 소통을 위해 감정코칭을 배우지 않았다면, 메가급으로 다시 돌아온 사춘기를 이해하고 아이의 감정을 공감해 주지 못했을 것이다.

방문을 닫고 혼자 있는 시간이 늘어나다 보니 나 스스로 아이의 행동에 예민하게 반응하게 되었다. 또 이유 없이 화를 내는 모습을 보면서 아이의 눈치만 살피게 되었다. 모든 것을 크게 포용해줘야 했지만 스스로 점점 더 작아지는 것을 느낄 수 있었다. 아이가 끝없는 방황의 시간을 보내면서 학교를 그만둔 것도 모두 다 내 책임인 것만 같았고, 내가 어려서 양육을 잘못해서 아이가 이렇게 됐나 싶어 스스로 자책하기도 했다.

자책하는 시간이 길어질수록 더 깊은 수렁에 빠져드는 듯했다. 태어나서부터 지금까지 애지중지 키워주신 친정엄마 또한 본인이 잘못 키워 아이가 이렇게 된 것 같다며 눈물을 보이셨다. 하지만 분명한 것은 아이가 어려서는 어린 데로 최선을 다했고, 지금은 지금대로 최선을 다하고 있다. 엄마가 처음이라 실수도 잦고 완벽하지는 못하지만 난 아이보다 큰 어른이고 엄마이다.

애당초 갱년기와 사춘기의 승부를 가리는 것은 큰 의미가 없다. 자식 이기는 부모가 없기 때문이다. 그렇다고 해서 아이가 잘못된 길로 가는데 그냥 보고만 있으라는 것은 아니다. 내가 아이를 억압하고 정해진 틀에 얽매이는 것이 아니라 성장하는 아이를 큰마음으로 품어 줄 수 있는 것이 중요하다는 것이다. 사춘기 엄마로 산다는 것은 쉬운 일은 아니지만, 엄마가 큰 그릇의 어른이 될 수 있는 성장의 기회는 될 수 있다.

마음의 문을 닫은 아이에게
무엇을 해 줄 수 있을까?

사춘기 아이를 둔 부모는 많은 것을 인내하고 스스로 내려놓는 연습을 한다. 더는 내려놓을 게 없을 것 같다가도, 어느 순간 더 내려놓아야만 하는 상황이 생긴다. 비록 인생이 마음먹은 대로 흘러가지 않아도, 상황에 맞게 계획도 세우고 노력하며 살아간다. 하지만 양육에 있어서는 내 마음대로, 생각대로, 계획한 대로 되지 않는 경우가 너무 많다.

아무리 좋은 학원을 알아보고 유능한 과외 선생님을 소개받아도 아이가 스스로 공부할 준비가 안 되어 있으면 어떤 좋은 조건의 교육 환경이라도 큰 도움이 안 된다는 것을 너무 늦게 깨달았다. 현 교육상황에서 별도의 사교육 없이 아이가 공부할 준비가 될 때까지 기다려 줄 수 있는 부모가 얼마나 될까? 아이가 스스로 할 마음이 있어야 하는 것은 잘 알지만, 그걸 어떻게 만들어줘야 하는지도 몰랐을 뿐더러 어떻게든 하다 보면 스스로 할 마음이 생길 것이라 믿었다. 남들이 학원을 보내니 학원을 보내는 것이 맞다 생각했고 아이를 위해 그렇게 해 주는 것이 옳다고 여겼다. 그런 것들이 진정 아이를 위하는 것이 아니었는데도 말이다.

모든 고민을 혼자 짊어지고 있는 아이를 볼 때면 무언가 해 줘야 한다고 생각했다. 하지만 그러면 그럴수록 아이의 마음은 더 단단히 잠겨만 갔다. 아이의 감정을 알아봐 주려 했지만, 대화를 거부하는 아이와는 제대로 된 감정코칭도 할 수 없었다. 아이가 천천히 마음의 문을 열 수 있도록 인내하며 기다려 주고, 아이를 있는 그대로 편안하게 바라봐 줄 수밖에 없었다.

따뜻한 밥상

혼자만의 시간이 길어질수록 밥도 제시간에 먹지 않았다. 밤낮이 바뀐 생활을 하다 보니 때에 맞춰 식사하기 힘들었고 먹는 양도 현저히 줄었다. 제대로 못 먹다 보니 마른 체형인 아이는 눈에 띄게 더 야위어만 갔다. 아무리 밥을 차려줘도 먹지 않겠다 하고 먹어도 조용히 혼자 먹고 다시 방으로 들어갔다. 점점 자기만의 세상에서만 지내는 것 같아 불안해졌다.

대화 자체를 거부하는 아이를 위해서 내가 할 수 있는 것은 오로지 따뜻한 밥상을 정성스럽게 차려주는 것뿐이었다. 안 먹으면 치우고, 다시 차리기를 수없이 반복했다. 같이 식사하기 싫다고 할 때는 다른 식구들이 먼저 식사하고 아이가 나중에 따로 식사할 수 있도록 정성껏 다시 차려주었다. 몇 번을 다시 밥상을 차려도 기분 좋게, 기쁜 마음으로 음식을 준비했다. 때로는 밥상을 차려줘도 먹지 않는 아이를 볼 때면, 걱정이 되면서도 섭섭하고 서글퍼지기까지 했다. 애타는 엄마의 심정을 조금이라도 이해한다면, 정성을 봐서 조금이라도 먹기를 바랐다. 하지만 아이는 그 어떤 것도 챙길 마음의 힘이 없었던 것 같다. 그런 힘이 있었다면 밥 자체를 거부하지도 않았을 것이다.

아이를 위한 따뜻한 밥상은 아이에게 보내는 엄마의 마음이다. 그 사랑의 온기가 정성스럽게 차려진 밥상을 통해 온전히 아이에게 전달되기를 간절히 바랄 뿐이었다.

감사의 기도

때로는 아이 자신도 주체하기 힘들 정도로 감정의 기복이 심했다. 게임을 하다가도 화가 나서 애꿎은 키보드에 화풀이하기도 하고, 평소에는 외출도 하지 않는 아이가 답답했는지 새벽에 나가 걷다 오기도 했다. 무슨 이유로 혼자 힘들어하는지 추측만 할 뿐 정확히 아이의 마음을 읽을 수가 없었다. 아이가 기분이 좋아졌을 때는 이젠 끝났구나 싶다가도, 또다시 자기만의 동굴에 들어가 있을 때면 불안하고 누군가 도와주기를 간절히 바랐다.

이 시기의 끝은 언제일까? 이 험난한 사춘기 터널의 끝이 있기는 한 걸까? 어떠한 빛도 희망도 없이, 끝도 없는 어둠의 터널을 홀로 걷는 느낌이었다. 아이가 어떻게 될 것 같은 두려운 마음에 아무 말 없이 눈물만 흘린 날들이 셀 수 없이 많았다.

일상생활에서 너무나 당연하다고 생각했던 것들이 당연함이 아닌 감사함이라는 것을 힘든 시간을 보내고 나서야 깨닫게 된다. 나 또한 아이와 함께 깔깔 웃으며 이야기하고 온 가족이 함께 따뜻한 밥 한 끼를 할 수 있었던 날들이 당연한 것이 아닌 축복이었다는 것을 뒤늦게 알았다. 지금까지 누리고 있었던 소소한 것들이 감사이고 행복이었지만 그것을 보지 못하고 갖지 못한 것에 대한 불만과 불평만을 해 왔다.

집 현관문을 열면 처음 보이는 것이 '빌립보서 4장 6-7절' 성경 말씀 액자이다.

'아무것도 염려하지 말고 다만 모든 일에 기도와 간구로, 너희 구할 것을 감사함으로 하나님께 아뢰라. 그리하면 모든 지각에 뛰어난 하나님의 평강이 그리스도 예수 안에서 너희 마음과 생각을 지키시리라'

매일 그 자리에 있던 좋아하는 말씀이었지만, 그 진정한 의미가 마음에 와닿기까지는 꽤 오랜 시간이 걸렸다. 항상 무슨 일이 생길까 봐 두려워했던 나에게, 지금 아이를 위해 무엇을 해야 하는지 제대로 일깨워줬다. 어떤 상황에서도 나 혼자가 아닌 하나님께서 나의 마음과 생각을 지키시리라는 말씀은 힘들고 지친 나에게는 더할 나위 없는 위로였다. 오만가지 걱정과 근심이 마음을 짓누를수록 내가 아이를 위해 해야만 하고, 할 수 있는 일은 더욱 명확해졌다. 간절한 소망을 가지고 이미 이루어졌다는 믿음으로 감사의 기도를 하는 것이다.

한마음에 믿음과 두려움은 함께 공존할 수 없다. 두려움에 싸여 있으면 간절히 바라는 것이 무엇인지 잊어버린 채 걱정만 할 때가 많다. 아이를 볼 때도 걱정과 근심 때문에 이 아이를 위한 간절한 소망이 무엇인지 잊고 있을 때가 많다. 종교적 믿음, 아이에 대한 믿음, 앞으로 잘 될 것이라는 믿음은 두려움에 밀려 마음 한구석에 웅크리고 있게 된다. 마음속에서 두려움이 차지하고 있는 자리를 믿음으로 채워보자. 믿음이 마음속에서 기지개를 켤 수 있도록 도와주자. 그러기 위해서는 지금의 상황이 아무리 어렵고 힘들다 하더라도 감사함을 찾는 연습이 필요하다. 아주 소소한 감사함도 괜찮다. 그렇게 감사함을 찾고 또 찾으면 두려움은 사라지고 생각과 마음이 편안해지게 된다. 편안한 마음으로 아이를 바라봐 주는 것만으로도 아이는 보호받고 있다고 느끼게 된다.

항상 그 자리에

남편은 때때로 내가 너무 민감해서 아이의 행동에 더 예민하게 반응하는 거라 했다. 아이는 나이에 맞는 성장통을 겪는 중이고, 또래 아이들보다 조금 심하게 앓이를 하는 것뿐이니 믿고 지켜보자고 했다. 그런 말을 하는 남편이 야속하기도 하고 때로는 화도 났지만, 곰곰이 생각하면 다 맞는 말이다.

내가 예민한 것은 잘 알고 있다. 하지만 거의 매일 늦게 퇴근하는 남편은 아이의 여러 가지 행동과 감정 기복을 직접 보고 느끼는 경우는 그리 많지 않았다. 직접 보는 것과 누구를 통해 듣는 것은 큰 차이가 있다. 직접 보게 되면 그 상황이 머릿속에 각인된다. 다른 사람을 통해 듣게 되면 자기만의 생각으로 상황을 받아들일 뿐만 아니라 여러 감정도 제대로 느끼기가 힘들다. 편하게 지켜보자는 말은 맞다. 그렇지만 코로나로 아이와 같이 있는 시간이 많아질수록 마냥 편안하게 아이를 지켜만 보기에는 걱정과 근심이 너무 컸다.

아이는 혼자 방에서 많은 시간을 보냈다. 내 자식이 아닌 듯 낯선 모습을 보는 것이 힘들었지만, 같은 공간에 있는 것만으로도 감사했다. 한 지붕 아래 함께 숨 쉬고 있는 것에 감사했다. 함께 있다고 해서 매번 아이의 일거수일투족을 감시하는 감시자가 아니라 서로의 공간을 존중해 주었다. 서로의 일정 거리는 유지하되 아이가 필요할 때 문을 열고 나와, 언제든 손을 내밀 수 있도록 내 자리를 지키고 있었다. 아이가 혼자라는 느낌이 들지 않도록 문을 열고 나오면 편하게 대해 주었다. 부모는 아이가 용기를 내어 세상 밖으로 나왔을 때, 환하게 웃으며 맞아 줄 수 있는 그 자리에 항상 있으면 된다.

엄마만을 위한 시간이 필요하다

사춘기는 단순히 아이만의 문제는 아니다. 꿈에도 상상하지 않았던 아이의 돌발적인 행동과 감정의 변화를 보고 있자면, 처음에는 '이 아이가 왜 그럴까?' '무엇 때문에 그럴까?' '내 아이가 맞나?' 싶다가 시간이 지날수록 '내가 아이를 잘못 키웠나?' '어렸을 때 너무 오냐오냐하며 키웠나?' '엄마를 만만하게 보나?'와 같은 수많은 질문을 스스로에게 던지며 자책하게 된다.

많은 워킹맘이 육아와 일을 병행하느라 아이에게 최선을 다하지 못한다고 느끼고, 마음 한구석에는 미안한 마음을 지니고 산다. 심지어는 그런 죄책감 때문에 스스로가 죄인이 된 심정이라고 고백하는 엄마들도 많다. 대학 졸업 후 한 번도 일을 멈춰 본 적 없는 나도 직장 생활을 하면서 아이를 키우는 동안 다른 엄마들에 비해 정보력도 떨어지고 무언가 부족한 것 같아 항상 미안한 마음을 가지고 있었다.

특히 사춘기로 방황하는 아이를 볼 때면 어렸을 때 무엇을 잘못해서 아이가 이렇게 엇나가는 것일까 라는 생각을 안 할 수가 없었다. 아이를 양육하면서 워킹맘이지만 내가 할 수 있는 최선을 다해 아이를 키워왔는데, 왜, 왜, 왜, 무엇 때문에 아이가 이렇게 돌변하는 것인지 도무지 알 수가 없었다. 아무리 호르몬 변화와 2차 성장기라고 해도 사춘기 아이의 반항은 지금까지의 모든 노력이 한순간에 재가 되는 것만 같았고 모든 것이 다 나의 잘못으로만 느껴졌다.

아이가 방황하는 동안 나도 함께 방황할 수밖에 없었다. 지금까지 아이를 키워왔던 나만의 육아 방식, 말투, 훈육 등 모든 것들이 하나의 영화 장면처럼 펼쳐지면서 '이러지 말았어야 했나?' '이렇게 해야 했나?' 내적 갈등으로 자존감조차 낮아졌다.

방황의 시기가 길어지면서 나도 서서히 지쳐갔다. 아이가 밥을 안 먹으면 나도 밥맛이 없어 끼니를 거를 때가 많았다. 아이가 기분이 나아져 웃으며 예전처럼 이야기할 때면 그날은 근심 걱정 하나

없는 최고의 날이었다. 바닥을 쳤다고 생각했지만, 또 더 밑으로 떨어지는 것 같은 느낌이 반복적으로 들었다. 롤러코스터를 타는 듯이 아이의 기분이 좋고 나쁨에 따라 함께 요동치는 나의 감정과 대면하게 되었다. 조금만 바람이 불면 심하게 흔들리는 돛단배를 탄 듯, 침몰할까 봐 불안에 떨고 있는 연약한 나의 모습과 마주하게 되었다. 그런 나의 모습과 마주하다 보니 한동안 나 자신을 살피고 돌보지 못했던 것을 알아차리게 되었다. 천천히 나의 모습을 되돌아보기 시작했다. 여러 부정적인 감정 속에 갇혀있어서 다른 쪽을 볼 여력도 없는 나와 마주 서게 됐다. 나의 모습이 천천히 보이기 시작하면서 그동안 내가 어떻게 아이를 바라보고 있는지도 살피게 되었다.

위태로운 시간을 보내면서 지금까지 아이를 얼마나 믿고 있는지 스스로 물어보았다. 지속해서 남들과 비교하지는 않았는지, 양육의 중심을 잡지 못하고 이리저리 흔들리지는 않았는지, 매사에 부정적인 면만을 먼저 떠올리지는 않았는지 등등 마음의 시선에 집중하게 되었다. 모든 시선이 아이의 행동에만 몰입되어 있어 작은 미동에도 놀라는 것은 아이를 향한 나의 믿음의 문제였다. 아이가 힘들어하면 할수록 아이에 대한 믿음의 수치는 점점 낮아졌다. 순간 아이가 너무 불쌍하게 느껴졌다. '엄마인 내가 이 아이에 대한 믿음이 없다면 어느 누가 이 아이를 믿고 기다려 줄 것인가'라는 강한 생각이 내 머리를 강타하는 듯했다. 그 강한 믿음의 마음이 생기는 순간 지금까지 느끼지 못했던 편안함이 마음 한가득 채워지는 느낌이 들었다.

아이에 대한 믿음이 강해지기 시작하면서부터 아이에 대한 걱정과 근심은 상대적으로 점점 사라지기 시작했다. 아이를 편안하게 바라볼 수 있는 나의 마음과 시선이 바뀌었고, 나 자신을 자주 봐주려는 마음 챙김 시간이 늘어났다. 아이에게만 향해 있었던 모든 신경이 이제는 다른 것을 볼 수 있는 마음의 여유로 바뀌기 시작한 것이다.

내 일에 집중하기

코로나로 인해 학교뿐만이 아니라 일하는 환경도 변해갔다. 한 번도 해 보지 않았던 재택근무를 시작했고, 모든 대면 행사와 미팅이 전면적으로 중단되거나 비대면으로 바뀌었다. 하늘길이 닫히고 매일 같이 뉴스에는 확진자 수와 사망자 수가 보도되었다. 지금까지 경험해 보지 않았던 코로나 상황에 사춘기 쇼크까지 함께 경험했던 나는 힘든 만큼 더더욱 내가 할 수 있는 일에 집중했다.

아이의 사춘기와 코로나로 모든 상황이 내 인생에서 최악의 순간이라는 생각이 들었지만 일할 때는 아이와의 상황보다는 일에 몰입하려고 노력했다. 대면으로만 진행했던 모든 포럼 및 워크숍은 온라인으로 전환하여 진행했다. 정신없이 일에 집중하다 보면 낮아졌던 자존감도 조금씩 회복되는 것 같았다.

아이의 문제로 상담을 받았을 때도 그렇고 직장 선배들도 같은 조언을 해 주었다. 아이는 아이대로 그냥 두고 너는 너의 일에 더 집중하고 최선을 다하라고 말이다. 처음에 이 말을 들었을 때는 남의 자식이라고 그렇게 그냥 두라고 하나 싶어 조금은 섭섭했다. 너무나 마음 없는 조언처럼 느껴졌다. 아이가 힘든데 어떻게 그냥 보고만 있으라고 하는지 조금은 야속했다. 힘든 시간을 서서히 통과하면서 그 조언이 모두 사실이라는 것을 안 순간은 하염없이 나 자신이 부끄러워졌다.

아무리 아이를 그 어두운 터널에서 빠져나오게 하고 싶어도 그건 엄마의 바람일 뿐이다. 실제로 혼란의 시기에서 가장 힘든 이는 아이 본인일 것이고 힘든 시기를 극복하고 이겨내야 하는 것도 아이 스스로가 해야 할 일이다. 다만 부모는 그런 아이를 믿고 지켜봐 주고 마음속으로 응원해 줄 뿐 달리할 수 있는 일이 없다는 것을 긴 시간이 흐르고 나서야 깨달을 수 있었다. 그렇게 아이를 지지해 주고 믿어 주면서 동시에 엄마는 엄마가 할 수 있는 일에 마음을 다하고 그 일에 집중하면 된다.

독서와 글쓰기의 힘

긴 터널의 탈출구가 안 보일 정도로 앞이 막막하고 더 이상의 바닥은 없다 싶을 때가 있었다. 밤새 울며 지나온 나날들이 오히려 시간이 지날수록 나에게 더 집중할 수 있는 기회로 다가왔다. 아니 정확하게 말하면 더 집중하려고 발버둥 쳤다. 어디에 집중하지 않으면 아이만 바라보는 것 같아 그 시선을 나에게 돌린 것이다.

나에게 집중하면서 평소 시간 없다는 핑계로 책장에 쌓아 두었던 책을 펼쳐 보기 시작했다. 한 번도 해보지 않았던 온라인 독서 모임을 통해 하루에 10페이지씩이라도 읽기 시작했다. 부담 없이 하루에 10페이지씩 읽고 좋은 글을 기록하고 느낀 점을 써서 공유하면서 마음의 편안함도 느낄 수 있었다. 지금까지 시간이 없다는 것은 핑계에 불과했던 것이다. 그렇게 하루에 10페이지씩 읽다 보니 어느덧 한 달에 한 권을 읽을 수 있었고, 그 한 달 동안 기록한 좋은 글귀와 느낌은 하나의 기록으로 남게 되었다.

책을 읽다 보니 힘듦을 글로 쓰고 싶은 생각이 들기 시작했다. 하염없이 바닥으로 떨어질 때는 나도 모르게 노트북을 열고 특정한 주제 없이 무작정 나의 심정을 써 내려갔다. 아이가 어렸을 때부터 시작해서 매일 느끼고 있는 다양한 감정까지 쓰기 시작했다. 누구에게 보여주기식이 아닌 마음 가는 대로 정신없이 키보드를 두들겼다. 한참을 쓰다 보면 웃기도 하고 눈물 콧물이 범벅될 정도로 울기도 했다. 다 잠든 늦은 밤에 글을 쓰다가 울 때는 혹시나 누가 들을까 봐 휴지로 입과 코를 틀어막고 소리 없이 흐느껴 운 적도 많았다. 누가 보면 정신 나간 사람이라고 생각할 정도로 정신없이 썼다. 한참을 쓰고 나면 울어서인지 웃어서인지 마음이 한결 편해지는 것을 느낄 수 있었다.

글쓰기에는 힘이 있다. 죽을 것 같이 힘들어도 모든 근심 걱정을 종이 위에 다 쏟아부으면 참 절망적이다 싶다가도 항상 마지막에는 나를 위로하는 메시지로 마무리하게 된다. 글쓰기를 시작하면서 걱정이 걱정을 먹으면서 커져만 갈 때 그 걱정을 쪼갤 수 있는 힘을 얻었다. 걱정을 하나씩 쪼개다 보니 크고 엉클어져서 절대로 분리되지 않을 것만 같았던 생각들도 점점 정리되었다.

알아차림의 시간

사람은 누구나 혼자만의 시간이 필요하다. 아마 아이도 혼자만의 시간이 필요했던 것이 아닐까 싶다. 독립적인 인격체가 되기 위한 과도기를 혹독하게 치르는 중이다.

지금까지 나만의 시간이 있었지만, 그 시간을 어떻게 활용해야 할지는 잘 몰랐었다. 마냥 정신 놓고 드라마를 보면서 몇 시간을 보낼 때도 있었고 오만가지 걱정 근심으로 부정적인 늪에 빠져 있었을 때도 많았다. 독서를 시작하면서 글을 쓰기 시작했고, 글을 쓰기 시작하면서 나만의 시간을 제대로 보낼 수 있었다. 어느 순간 그 시간이 너무나 소중하고 감사했다. 힘든 와중에도 책을 읽을 수 있는 마음이 생긴 것도 감사했고, 책을 통해서 나를 알아차릴 수 있는 시간이 점점 더 늘어난 것도 감사했다.

인간이라 어느 순간 또 걱정의 소용돌이에 빠지거나 감정의 홍수에 매몰될 때가 있다. 그때는 천천히 '심장집중호흡'을 했다. 머릿속에 있는 잡생각에 집중하는 것이 아니라 몸에 힘을 빼고 호흡에 집중했다. 가능하면 심장에 집중하고 좋은 공기가 내 코를 통해 심장을 돌아 나쁜 기운을 가지고 코 밖으로 천천히 나온다는 상상을 하면서 호흡을 하다 보면 훨씬 더 쉽게 집중할 수 있다. 이렇게 심장에 집중하다 보면 몸에 잔뜩 몰려 있는 힘도 어느덧 빠지고 머리도 맑아지게 된다. 온몸에 따뜻한 혈액이 골고루 퍼지는 느낌이 든다.

이렇게 편안함이 느껴질 때 비로써 내가 나를 알아차릴 수 있게 된다. '내가 또 감정과 걱정 속에서 허우적거리고 있구나!', '내가 또 산더미 같은 짐을 혼자 짊어지고 있구나!'라고 인지하게 된다. 그냥 그렇게 인지하는 것만이라도 마음의 짐을 내가 볼 수 힘이 생긴다. 이처럼 알아차림의 시간을 통해 자신을 더 알아가는 시간은 반드시 필요하다.

Part 2

사춘기 엄마에게도
감정 공부가 필요하다

나는 어떤 엄마인가?

　무엇 때문인지도 모른 채 마음의 문을 닫아 버린 아이의 눈빛은 싸늘한 겨울 날씨보다 매서웠다. 부족함 없이 키우려고 노력했는데 모든 것을 밀어내는 아이의 모습을 보면 한 번도 느껴보지 못했던 마음의 저림이 온몸을 휘감았다. 마음을 칼로 저며도 이렇게 아플까 싶을 정도로 아리고 아팠다.

　노트북을 켜고 두서없이 글을 쓰기 시작하면서 아이가 태어났을 때부터 지금까지 어떻게 아이를 키웠는지 기억을 더듬어 보았다. 정신없이 아이를 키우고 하루하루 바쁘게 살았던 시간과 기억에 대한 정리가 필요했다. 태어났던 순간, 첫걸음마를 했던 순간, 처음 엄마라고 불렀던 순간, 유치원에 입학한 순간 모든 것이 파노라마처럼 펼쳐졌다. 그러면서 나는 어떤 엄마였는지 되돌아보게 되었다.
나 자신을 천천히 살펴보게 되었다.

항상 마음이 바쁜 워킹맘

사람 만나기 좋아하는 나는 아이가 생기면서부터 퇴근 시간이
되면 눈썹이 휘날리도록 퇴근하기 바빴다. 아이들이 기다리고 있기
도 했지만, 아이들을 돌봐 주시는 엄마의 육아 부담을 빨리 덜어드
려야 했기 때문이다. 퇴근 후 쉬고 싶어도 저녁 준비부터 아이들이
잠자리에 들기 전까지는 엉덩이를 방바닥에 제대로 붙일 여유도 없
었다. 남편은 잦은 야근으로 항상 피곤해했고, 빨리 들어오는 날보
다 새벽 12시 넘어 들어오는 날이 더 많았다. 친정엄마가 많이 도와
주셨지만, 엄마도 댁으로 가셔야 했기 때문에 엄마가 가고 난 후에
는 모든 육아는 온전히 나의 몫이었다. 퇴근 없는 투잡이 시작되는
것이다.

모든 엄마가 힘들겠지만, 아이들이 어렸을 때는 더욱 나만 더 힘
들게 사는 듯했다. 회사에서는 회사 일로, 집에서는 집안일로 마음
의 여유를 찾고 싶어도 찾을 수가 없었다. 많은 워킹맘이 그러하듯
육아와 일을 병행한다는 것은 결코 쉬운 일이 아니었다.

직업병일 수도 있지만 무엇을 해도 완벽하게 하고 싶었던 나는 심지어 아이의 첫 전집을 살 때도 머리가 터질 정도로 밤마다 자료 조사만 몇 날 며칠을 했었다. 또래 엄마들은 어떤 출판사의 책이 좋은지 또 어떤 책들이 나이에 맞는지 엄청난 정보를 가지고 있었다. 하지만 친한 또래 엄마 네트워크가 많지 않은 나로서는 그냥 무조건 인터넷 검색만이 유일한 정보 수집의 길이었다. 그렇다. 나는 아이를 위해 필요한 것이 있으면 무엇이든 해 주고 싶었던 항상 마음만 바빴던 엄마였다.

나는 좋은 엄마일까? 나쁜 엄마일까?

아이를 키우면서는 느끼지 못했던 것을 사춘기를 보내면서 하나씩 새롭게 알아가기 시작했다. 가장 마음이 아팠던 것은 기다려 주지 못했던 나의 성급함이었다. 아이를 키우면서 아이의 눈높이에서 아이의 말에 귀 기울이고 공감하고 아이가 스스로 할 수 있을 때까지 충분히 기다려 주지 못했다는 것이다. 아이가 원하는 것이 무엇인지 알려고 하지 않고 다른 또래 아이들이 뭘 하는지에 더 관심이 많았다. 이유는 간단했다. 아이를 너무나 사랑해서 다른 아이들에 비해 부족함 없이 해 주고 싶었고 또 무엇을 하던 아이가 다 잘했으면 했기 때문이다.

앤젤린 밀러가 쓴 『나는 내가 좋은 엄마인 줄 알았습니다』라는 책을 보면 사랑한다면서 망치는 사람인 인에이블러(The Enabler) 엄마, 즉 작가의 모습이 나온다. 엄마는 사랑하는 아이를 도와주고 있다고 생각하지만 실제로는 아이가 엄마에게 의존하게 하고 아이 스스로 자율적으로 생각하고 활동할 수 있는 성장의 기회를 빼앗아갔다. 이 책은 그런 엄마의 가슴 아픈 고백서이고 인에이블러들을 위한 지침서이다.

처음 이 책을 추천받고 한참을 표지만 보고 읽을 엄두조차 내지 못했다. 혹시나 내가 그런 인에이블러 엄마이지는 않을까 하는 두려움 때문이었다. 사랑한다면서 아이 스스로 할 수 있는 것을 내가 방해하고 있었던 것은 아닌지. 충분히 스스로 할 수 있는데 기다려주지 못한 건 아닌지 두려웠다.

하지만 나는 인에이블러 엄마였다. 알게 모르게 아이를 의존자로 만들고 있었다. 내가 짜놓은 프레임 안에서 행동하길 바랐던 것이다. 어쩌면 아이의 반항은 자신을 찾기 위한 몸부림이고 울부짖음, 그리고 나아가 자신을 있는 그대로 봐 달라는 하는 말 없는 외침이 아니었을까 싶다.

고통이 없이는 성장도 없다는 말이 있다. 지난 시간 동안 뼈저리게 느낀 것이 있다면 그것은 믿음의 힘이다. 아이에 대한 믿음의 힘이 적어 눈에 보이는 행동으로만 모든 것을 판단하려 했던 것이다. 천천히 가도 되는데 뒤처질까 봐 급하게 끌어당기려 했고 기다려 주지를 못 했던 것이다.

나는 스스로에게 묻는다. 과연 나는 좋은 엄마일까? 나쁜 엄마일까?

쉽게 답을 할 수 없다. 엄마라는 존재는 단적으로 좋고 나쁨을 따질 수 있는 존재가 아니기 때문이다. 물론 뉴스에서 나오는 것처럼 엄마라는 이유로 아이를 학대하거나 방치를 하는 등 사람이 해서는 안 되는 행동을 하는 사람도 있지만, 대부분 엄마는 아이를 사랑으로 양육하고 아이를 위해 최선을 다하고 있다.

좋은 엄마인지 아닌지가 중요한 것이 아니라 어떤 엄마가 되고 싶은지에 더 초점을 맞춰야 할 것이다. 그런 엄마가 되기 위해 어떻게 성장해 나가야 할지 고민하고 노력해야 할 것이다.

스스로 자책할 수 있다. 후회할 수도 있다. 하지만 거기에서 멈추면 단지 자책하고 후회하는 모습에만 머물게 된다. 같은 잘못을 다시 반복하지 않기 위해서는 아주 작은 변화라도 시도해 보자.

착한 엄마 코스프레

　누구는 어려서부터 현모양처가 꿈이라 하지만 난 절대 아니었다. 결혼 안 하고 멋진 전문직 여성(career woman)으로 살거나, 남학교의 인기 많은 여교사 또는 멋진 여군이 되고 싶었다. 결혼할 생각이 없었던 나는 친한 친구들이 하나둘씩 결혼하면서부터 결혼에 대한 압박을 받기 시작했다.

　지금은 서른 살 넘어 결혼하는 것이 아무렇지도 않고 오히려 너무 빠른 느낌도 들지만, 그때만 해도 서른을 넘기면 노처녀라는 소리를 들을 정도였다. 다행히 서른이 되기 전에 사랑하는 사람을 만나 결혼을 했다. 결혼하면 다들 아이를 낳으니 아이를 낳으면 된다고 생각했고, 낳으면 그냥 잘 키우면 될 줄 알았다. 어떤 가정을 꾸리고 아이는 어떻게 양육해야 하는지에 대한 지식이 전혀 없는 상태에서 말이다. 한마디로 육아에 대해 무식했다.

　현실은 생각만큼 녹록하지 않았다. 쏟아지는 잠과의 전쟁과 육아 지식이 전혀 없는 상태에서 두꺼운 육아서적에만 의존하며 첫아이를 키워야 했다. 짧은 산후휴가 이후, 복직하고 나서는 일과 양육은 새로운 일상의 도전이었다. 부모교육이 흔하지 않았던 터라 잘 먹이고 잘 입히고 잘 놀아주면 되는 줄 알았다. 남부럽지 않게 좋은 브랜드의 옷을 입히고, 남들 가지고 노는 장난감과 인스턴트 음식이 아닌 신선한 재료로 손수 다 해 먹이면 엄마의 역할을 다 하는 거라 믿었다.

척하는 엄마

　좋은 엄마, 착한 엄마는 화가 나도 아이의 정서를 위해 참고, 성질나서 소리를 지르고 싶어도 참고, 힘들어도 티 안 내고 아이들한테 잘해 주면 되는 거라고만 생각했다. 힘들어도 안 힘든 척, 괜찮은 척, 좋은 엄마인 척하다 보니 나도 모르게 온몸에 힘이 빠질 날이 없었다. 항상 긴장의 연속이었다. 그렇게 나는 척하는 엄마였다.

　아이가 중학교 때 꿈에도 상상하지 못했던 점수를 받아와도 '다음에 좀 더 열심히 하자.'라고 아무렇지도 않고 쿨한 척했지만, 사실은 쿨하지 못했다. '와우! 중학교 때 이런 점수를 받을 수도 있구나.' 싶어서 정신 나간 사람처럼 헛웃음을 지었지만 사실 눈앞이 캄캄했고 저렇게 하다 꼴찌 하는 거 아닌가 싶은 불안감도 엄습해 왔다.

누가 그렇게 하라고 시킨 것도 아닌데 무엇이든 완벽하게 잘 해내야 한다는 생각이 강했다. 아이한테는 완벽한 엄마가 되고 싶었고 직장에서도 인정받는 직원이 되고 싶었다. 완벽이라는 기준이 사람마다 차이는 있겠지만 내 기준에 맞는 완벽함을 추구하기 위해 항상 나 자신을 더욱더 세차게 몰아갔다.

그런 완벽함 때문에 아이가 공부든 운동이든 잘하지 못할 때는 누군가 나에 대해 수군거리는 것만 같았다. '그 엄마는 왜 그렇게 아이에게 신경을 안 쓰는 거야?', '그 엄마 직장 다닌다며, 그래서 그런가?' 등등 아이의 부족함이 모두 내 책임인 것 같아 괴로웠다.

'학원을 일찍 보냈어야 했나?', '과외선생님을 소개받아야 하나?', '강남권으로 들어갔어야 했나?' 여러 가지 후회와 걱정으로 머리는 더욱더 복잡해지고 근심과 걱정의 크기는 점점 더 커져만 갔다. 이런 완벽주의적인 병증이 나도 아이도 힘들게 만들었고, 힘들어도 힘들지 않은 척하는 엄마가 되고 말았다.

난 괜찮아! 난 할 수 있어

동기부여 관련 서적이나 동영상을 보면 'You Can Do It! 넌 할 수 있어!'라는 말로 지친 사람들을 격려한다. 당장이라도 힘들어서 죽을 거 같은데 계속 '할 수 있다'고만 한다. 웃기는 말이다.

근데 그 웃긴 말을 나도 모르게 스스로 하고 있었다. 최면에 걸린 것처럼 힘든데도 '난 괜찮아! 난 할 수 있어!', '다 괜찮아질 거야!', '다시 시작하면 돼!', '다 잘 될 거야!'라고 자신을 응원하고 용기를 주었다. 죽도록 힘든 데도 계속 '할 수 있어! 할 수 있어!'라고 말이다.

마음의 공간이 없을 때는 '할 수 있어!'라는 말이 큰 위로와 용기로 다가오지 않을 때가 있다. 쉼 없이 달려온 엔진이 과부하 된 상태에서 지속해서 가속페달을 밟고 계속 달리게 되면 언젠가는 터지고 만다. 어느 순간 모든 것이 멈추게 된다. '할 수 있어!'라는 말이 빨리 가자는 말은 아니지만, 심신이 지쳐 있을 때는 '지금 꾸물거리고 있을 때가 아니야. 계속 가!'라는 말로 들릴 때가 있다. 그렇게 지금까지 쉼 없이 일과 육아를 병행하면서 내가 어떤 상태인지 나의 감정은 어떤지 살필 틈도 없이 나 자신을 몰아가고 있었다. 그냥 좋은 사람, 좋은 엄마 코스프레를 하고 있었다.

아이가 어린이집 가기 이전에는 감정적인 충돌보다 육체적인 피곤함이 더 큰 것이 사실이다. 그때는 아이가 무엇을 해도 예쁠 나이라 척하지 않아도 편하게 지낼 수 있었다. 아이가 커가면서 서로 다른 성격과 자아로 감정적인 충돌이 생기기 시작했고 그 시간이 길어지면 길수록 감정을 억누르고 큰 소리 내지 않고 아이와 대화하는 것이 힘에 벅찼다.

힘들어도 계속 잘 할 수 있다고 하면 잘 할 수 있을까? 나는 진짜 괜찮은 걸까?

아니다. 괜찮다고 했던 최면이 오히려 아픈 마음을 무시하고 덮어두려고만 했다. 무엇 때문에 아픈지 힘든지 잘 봐줬어야 했는데 살피지 못했다. 오랫동안 좋은 엄마이고픈 마음에 억누르고 있던 감정을 알아차리지 못했던 것을 나중에 아프고 나서야 알아차릴 수 있었다. '괜찮아. 나는 할 수 있어'라고 스스로 되뇌고 있던 나는 실제로는 괜찮지 않았다는 것을.

'할 수 있다!'라는 말 이전에 지금 나는 괜찮은지, 자신을 점검하는 시간이 필요하다. 괜찮지 않다면 무엇 때문에 힘든지 확인해 보자. 충분히 숨 고르기를 한 후에 '할 수 있다!'라는 말로 자신을 격려하고, 용기 낼 수 있게 다독여 주면 된다.

엄마의 감정을 아이도 보고 있다

첫 아이를 낳고 3년 후에 둘째를 출산했다. 1 더하기 1은 2가 아닌 10 이상이라는 육아 법칙을, 둘째를 낳고 나서야 알았다. 주변에서 둘째가 생기면 아이 하나일 때와는 완전히 다르다고 했을 때 어느 정도 각오는 하고 있었지만, 현실은 상상 그 이상이었다.

서양에서는 동생을 데리고 처음 집에 가는 날에는 첫 아이에게 주는 선물을 준비한다고 한다. 첫 아이가 동생을 하나의 가족으로 인정하고 사랑해 줄 수 있도록 동생이 준비한 선물이라고 하면서 말이다. 둘째를 데리고 처음 집에 가는 날, 첫 아이를 위해 동생이 주는 선물이라고 하면서 장난감을 준비해 갔다. 동생을 좋아하고 예뻐해 줘서 다행이다 싶었지만 나름의 스트레스를 등원 거부로 표현했다. 기다리던 유치원 버스가 도착했을 때, 버스를 타면 그날은 유치원에서 재미있게 생활하고 오는 날이고, 안타면 그날은 어김없이 다시 집으로 돌아와야만 했다. 달래도 보고 화도 내 보고 장난감으로 꾀어도 보고 모든 할 수 있는 일을 다 해 봐도 한번 안 가겠다 하면 절대 고집을 꺾을 수가 없었다.

한번 그렇게 실랑이를 하고 나면 정신적으로 너덜너덜해지는 느낌이었다. 유독 고집 센 아이를 어느 정도 꺾어줄 필요가 있다고 생각했지만, 결과적으로는 서로 지치기만 했다. 내가 제대로 훈육을 안 해서 그런가 싶기도 했다. 소리 지르고 내 감정대로만 행동한다면 아이에게 큰 상처가 될 수 있다는 것을 알았기 때문에 끓어오르는 감정을 억지로 억눌러야만 했다. 그러면 그럴수록 속은 속대로 타고 모든 에너지는 바닥이 났다.

아이는 다 보고 있다

이렇게 육아에, 직장 생활에 치이며 지내면서도 아이들에게는 최선을 다하려고 노력했다. 힘들어도 힘든 내색을 하지 않고 그냥 내가 한 번 더 참으면 된다고 생각했다.

'내가 화를 내면 어린아이 정서에 안 좋을 거야. 그러다가 아이가 삐뚤어질지도 몰라.' 온갖 부정적인 상상을 하면서 나를 억누르기 바빴다. 어린아이를 다 재워놓고 혼자 맥주 한 캔을 들고, 아무 생각 없이 볼륨을 최대로 줄이고 넋 놓고 드라마를 보는 시간이 유일한 나만의 힐링 시간이었다. 그러다 한계치에 다다르면 한번 실컷 울었다. 그리고 나면 조금은 시원해졌다.

아이들이 다 자고 또 나 혼자 있을 때의 행동이라 아이들이 모를 줄 알았다. 하지만 아이는 나의 미세한 감정까지 다 느끼고 평소의 내 얼굴에서 나오는 모든 표정을 보고 있었다.

아이가 어렸을 때, 퇴근하고 오는 나를 보고 근심에 찬 얼굴로 아이가 이런 말을 했다.

"엄마는 퇴근하고 현관문을 열고 집에 들어올 때 항상 찡그리고 들어와. 회사 일이 많이 힘들었어?"

무언가로 뒤통수를 때려 맞은 느낌이었다. 딱히 힘든 날도 아니었는데 아이는 내 얼굴을 보고 그렇게 느낀 것이다. 평소에 힘든 티 안 낸다고 생각했는데 내 얼굴에는 미소는커녕 그저 모든 것에 지쳐 짜증이 가득 찬 얼굴만이 남았나 보다. 큰 소리를 내지 않고 화도 자제하고 아이를 대했지만, 나의 표정은 모든 것을 숨기지 못했던 것이다.

참지 말자

무조건 참으면 된다고 생각했던 나는 정신적으로 점점 힘들어졌다. 그 힘듦이 육체적으로도 나타나기 시작했다. 고질적으로 괴롭혔던 어깨, 목 통증은 국지적 아픔을 넘어 소화까지 안 되는 상태가 되었고 여기저기 안 아픈 곳이 없었다.

오랜 세월 억눌린 감정들이 딱딱하게 굳어져 마음 한구석을 답답하게 짓누르고 있었다. 하루가 멀다고 야근으로 늦게 귀가하는 남편과 하루 동안 있었던 일들을 서로 이야기하는 것조차 딱히 내키지 않았다. 때로는 참고 있던 감정들이 남편을 보면 짜증과 하소연으로 터져 나올 때도 많았다.

김상임 작가의 『마음을 아는 자가 이긴다』 책을 보면 감정에 관한 이야기가 많이 나온다. 그중 가장 마음에 담아 둔 글이 있다. 감정만 '표출'하면 마음을 온전히 전할 수 없지만, 감정을 '표현'하게 되면 자연스럽게 어떤 사건 또는 생각 때문에 그런 것인지 그리고 자신이 원하는 것이 무엇인지를 이야기할 수 있게 된다는 것이다.

직장 생활과 힘든 육아를 마무리하고 난 후, 가장 기대고 싶은 남편에게서 듣고 싶었던 말은 '여보, 오늘 하루도 수고했어!'라는 따뜻한 위로의 한마디였다. 하지만 회사 일로 바쁜 남편은 딱히 집 안일에는 큰 관심이 없어 보였다. 남편 어깨에 올려진 가장의 무게

가 이해는 되지만 무관심한 그에게 매번 섭섭했다. 그런 섭섭한 마음을 제대로 표현 못 하고 남편이 먼저 알아봐 주기만을 바랐다. 감정을 제대로 표현하지 못하고 표출만 했던 터라 피곤한 남편도 그런 상황을 여유롭게 받아주기 힘들어했다.

감정에 관심을 갖게 되면서 다양한 관련 서적을 통해 지금까지 얼마나 나의 감정에 솔직하지 못했는지 깨닫게 되었다. 아이들에게는 감정을 표출하지 않기 위해 참는 것만이 유일한 방법이라고만 알았고, 남편에게는 온종일 참았던 감정을 표출만 했다. 그동안 제대로 나 자신을 표현하지 못했던 것이다.

사실 마음이 편하지 않으면 생각이 많아진다. 많아진 생각은 다양한 감정을 만들어낸다. 마음과 생각이 힘들수록 감정 또한 긍정적일 수 없다. 감정들을 제대로 표현 못 하고 참고 억누르게 되면 상상 이상의 많은 에너지가 소모된다. 그렇게 많은 에너지가 소모되면 아주 여유롭게 받아 줄 수 있는 아이의 투정이나 행동도 과민하게 반응할 수밖에 없다. 이렇게 되면 감정의 악순환에 휘말리게 되는 것이다.

아이는 엄마의 모든 감정을 보고 느끼고 있다. 그러므로 참는 것만이 답은 아니다. 자신의 감정에 솔직하고, 또 감정을 표출하는 것이 아니라 잘 표현하는 것이 아이와 내가 행복해지는 길일 것이다.

엄마의 감정은 누가 챙기고 있는가?

아이를 있는 그대로 봐주기 위해서는 엄마도 마음의 힘이 필요하다. 괜찮지 않은데 그런 척하는 것이 아니라 편한 마음으로 아이와의 관계를 유지해야 한다. 엄마의 마음이 편하지 않으면 어떤 상황도 받아 줄 수 있는 여유가 생기지 않는다.

높은 위치에서 스펀지 위로 달걀을 떨어트렸을 때, 탄력 있는 스펀지에 떨어진 달걀은 충격이 잘 흡수되어 깨지지 않지만, 탄력 없이 압축된 스펀지에 떨어진 달걀은 바로 깨지고 만다. 우리의 마음도 마찬가지이다. 여유, 포용, 배려가 없는 마음은 외부에서 휘몰아치는 스트레스에 절대적으로 취약하다. 같은 스트레스에도 더 상처받고 온몸으로 충격을 감당하게 된다.

돌이켜보면, 회사에서 유독 바쁘고 일이 제대로 안 풀릴 때일수록 아이들이 짜증을 내거나 투정을 부릴 때 더 받아주기 힘들었다. 항상 하는 게임인데 유독 게임을 하는 모습이 더 보기 싫었고 좋게 얘기할 수도 있는데 더 날카롭게 얘기했었다.

마음의 스펀지가 더 압축되기 전에 나의 감정이 어떤지 의식적으로 의도적으로 자꾸 마음을 알아봐 줘야 한다. 누가 내 감정을 먼저 알아봐 주길 원하는 것이 아니라 내 감정과 마주하는 연습을 해야 한다.

감정과 마주하기

감정이 격해져서 화가 났을 때 무작정 참을 수만은 없다. 그렇다고 화가 날 때마다 소리를 지르거나 옆에 있는 물건을 던지면 잠시는 풀린 것처럼 후련할 수 있지만 잠시 후 더 크게 소리를 질러야 하고 더 큰 것을 던져야만 만족감을 느끼게 된다. 분노는 분노를 먹고 더욱더 커져만 간다.

그래서 화가 나면 어떻게든 풀어줘야 한다. 풀지 않고 꽁꽁 가지고 있으면 언젠가는 정신적이든 육체적이든 어떤 증상으로 나타난다. 내 감정을 꼭꼭 숨기거나, 아니라고 부인하거나, 아무것도 아니라고 무시하거나 할 때 진짜 감정은 점점 더 깊은 곳으로 숨어버린다. 그렇게 되면 진짜로 내 마음이 무엇을 말하고 있는지 알 수가 없다. 척하지 않고 내 감정을 마주 보려면 어떻게 해야 할까?

내 감정과 마주하려면 먼저 용기가 필요하다. 손가락 하나 움직일 수 있는 작은 용기면 충분하다. 그 용기로 나의 감정을 인정해주는 연습을 하면 된다.

깊은 좌절에 빠진 아이의 무기력한 모습을 볼 때면, 학교생활은 계속할 수 있을지 걱정이 돼서 뜬눈으로 밤을 새울 때도 많았다. 자퇴하게 되면 그 이후는 어떻게 해야 할지도 막막했고 아이의 마음이 계속 닫혀 있으면 어쩌나 싶었다. 치열한 경쟁 사회에서 아이가 어떻게 살아갈 수 있을까 너무나 걱정스러웠다. 그때마다 밀려오는 걱정은 점점 더 커져 두렵기까지 했다.

걱정이 눈덩이처럼 커질 때, 일단은 멈춰야 한다. '지금 걱정스러운 마음에 힘든 하루를 보내고 있구나!'라고 먼저 자신을 인정해줘야 한다. 걱정 안에서의 인정이 아니라 걱정 밖에서 걱정의 전체 모양을 바라봐야 한다. 걱정 안에 있으면 걱정의 모양이 어떤지 볼 수가 없다. 틀 밖에서 걱정을 바라보면 걱정의 모양이 네모인지 세모

인지 큰지 작은지 구별할 수 있게 된다. 그럼으로써 지금 감정과 마주할 수 있게 된다.

힘들 때는 힘들다고 해도 괜찮아

감정과 마주하면 감정을 인정해 주기 쉬워진다. '내가 지금 많이 불안하구나!', '내가 지금 많이 힘들어하는구나!', '내가 지금 아주 슬프구나!', '내가 지금 많이 아프고 외롭구나!', '내가 지금 억울한 마음이 많구나!' 다양한 감정들과 마주하다 보면 인정할 수 있게 된다.

무엇 때문에 그런 감정들이 들었는지 인지할 수 있게 된다. '등교 거부하는 아이가 걱정돼서 불안하구나!', '아무것도 해 줄 수 없는 것이 슬프구나!', '아이를 볼 때마다 마음이 아프구나!'

내 감정에 솔직하도록 노력했다. 내가 지금 힘들면, 힘들다고 외쳐봤다. 슬프면 슬프다고 말해봤다. 말하기 힘들 때는 노트북을 켜고 글을 쓰기 시작하거나 종이 위에 적기 시작했다. 아주 커 보이는 감정들도 끄집어 밖으로 꺼내 놓으면 생각 외로 작아 보이는 경우가 많았다. 무엇 때문에 슬픈지 알아차림이 가능해진다. 입으로 말하는 것이 힘들면 종이에 나의 감정을 적어보는 것도 좋은 방법이다.

글쓰기와 거리가 멀었던 나도, 어찌나 힘들었던지 나도 모르게 글을 쓰기 시작했다. 아무런 생각 없이 내 감정을 형식에 구애 없이 적어나갔다. 종이 위에 쓰는 것이 감정의 소용돌이에서 빠져나올 수 있는 가장 좋은 방법의 하나인 것은 분명했다.

감정을 글로 표현하고 나면 감정이 정리되는 느낌이 든다. 이렇게 쓰는 것으로 감정을 표현하면 내가 진짜 원하는 것이 무엇이며 그러기 위해서는 어떻게 해야 할지 정리가 되고 행동으로 옮기고자 하는 용기가 서서히 생기기 시작한다.

오랜 시간 참는 것만이 답인 줄 알았던 나는 참는 것보다 지금 느끼는 감정을 적절하게 표현하는 것이 더 중요하다는 것을 경험을 통해 깨달았다. 무조건 참는 것이 아니라 힘들면 힘들다고 표현할 때 비로소 나의 감정에 솔직해지고 아이에게도 편한 엄마로 다가갈 수 있게 된다. 힘들면 참지 말고 힘들다고 해도 괜찮다. 엄마의 감정은 엄마 스스로가 인정해 주고 챙겨주고 보살펴줘야 한다.

사춘기 아이 덕분에
새로운 도전을 시작하다

아이의 첫 사춘기가 시작될 무렵, 아이의 성향을 이해하기 위해
상담을 받은 적이 있다. 모두 다 한 번쯤은 치루는 사춘기에 유별나
게 상담까지 받나 싶지만, 무엇인가 속 시원히 말하지 못하고 혼자
담아두고 있는 아이를 조금 더 이해하고 아이가 마음껏 표현하면서
생활할 수 있게 돕고 싶었다.

아이의 상담을 신청했지만, 실질적으로 아이보다 부모인 우리
부부와의 상담 시간이 훨씬 더 길었다. 어렸을 때의 성장 과정부터
부부의 인연을 맺고 아이를 출산하고 함께 양육하는 과정까지 지금
까지 살아온 시간을 되돌아보며 상당히 긴 시간 상담을 했던 기억
이 난다. 당시 추가적인 상담은 필요하지 않았지만, 부모교육을 받

아 보는 것이 도움이 될 것 같다고 권유하셨다. 그때까지만 해도 학교에서 하는 부모교육 강의 외에는 별도의 부모교육을 받아 볼 생각조차 해 본 적이 없었다. 직장 때문에 주중에 하는 교육을 받는다는 것은 쉽지 않았고 연차를 쓰면서까지 해야 할 필요성도 느끼지 못했다.

하지만 아이가 사춘기를 겪으면서 아이의 말수는 점점 줄어들고, 혼자만의 시간도 늘어났다. 물론 아이의 감정 변화도 심해지고 서로 대화하는 시간도 현저히 줄어들었다. 엄마는 대화라고 생각하는데 아이는 잔소리로만 받아들였다. 아이와의 소통이 중요하다는 것을 너무나 잘 알고 있었기 때문에 더 늦기 전에 아이의 마음을 좀 더 이해하기 위해 감정코칭 전문가 과정 수업을 듣기 시작했다.

기대 반 설렘 반

업무 관련 교육은 종종 받았지만 나를 위한 공부는 대학교 졸업 이후 처음이었다. 더군다나 심리학 지식은 책으로도 접한 적이 없던 나로서는 기대 반 설렘 반으로 첫 감정코칭 수업을 들었다. 감정코칭에 대한 기초적인 지식조차 없었기 때문에 새로운 분야에 대한 배움이 설레기도 했지만 잘 따라갈 수 있을지 걱정도 되었다.

같이 공부하는 분들이 대략 20명 정도 되리라 생각했다. 사실 어떤 근거로 그렇게 생각했는지는 모르겠지만 부모교육을 전문적으로 받는 사람은 그다지 많지 않으리라 생각했다. 하지만 나의 예상은 완전히 빗나갔다. 강의가 시작되려면 좀 이른 시간인데도 강의실에는 이미 전국에서 모인 70명 이상의 수강생들로 꽉 차 있었다.

많은 수강생이 모인 자리였지만 첫 수업 시간에 자기소개를 하면서 감정코칭 수업을 듣게 된 동기를 나누는 시간을 가졌다. 나처럼 엄마로서 아이와의 행복한 소통을 위해 오신 분들도 있었고, 학생들을 더 잘 이해하기 위해 오신 교사 그리고 학원 선생님도 있었다. 저마다 다른 이유로 함께 모였지만 모두 다 아이를 위하는 마음은 같았다.

나는 아이와의 소통을 위해 내가 먼저 변하고 싶었다. 그렇게 해서 엄마의 감정 공부는 사춘기 아이 덕분에 시작되었다.

아이와 마음을 나누는 감정코칭

감정코칭 과정은 최성애 박사님께서 35년 동안 배우고 가르친 인간발달학, 긍정심리, 아동·청소년 심리치료, 뇌과학, 하트매스,

임상 경험의 토대 위에 가트맨 박사의 감정코칭을 적용하며 실습과 이론을 균형 있게 배우도록 개발한 것이다. HD행복연구소에서 조벽 교수님과 최성애 박사님을 통해 우리 정서에 맞는 감정코칭법을 배울 수 있어 그야말로 모든 것이 새로운 경험이었고 발견이었다.

직장생활을 하면서 학위이든 자격증이든 어떤 공부를 추가로 한다는 것은 쉬운 일이 아니다. 감정코칭 과정도 마찬가지였다. 여러 가지 실습으로 나 자신을 알아가는 시간이 많아서 수업을 마치고 집에 올 때면 녹초가 되곤 했다. 하지만 마력같이 그 수업 시간이 기다려지고 또한 함께 공부하는 선생님들로부터 너무나 좋은 에너지를 얻을 수 있었다.

25년 동안 한 직장에서 일하다 보니 일로 만나는 사람은 대부분 다 교육계에 계신 분들이다. 하지만 이 수업에서는 전업주부부터 시작해서 은퇴한 교장 선생님, 전직 경찰, 상담사 그리고 수녀님까지 정말 다양한 분과 함께 할 수 있었다. 더 놀라운 것은 전국 지방 곳곳에서 오신 분들이 한둘이 아니라는 점이다. 모두 배움에 열정이 넘치는 분들이었다. 때로는 주중에 일하고 주말에 공부하려니 체력적으로도 힘들고 고단했다. 피곤해도 이른 아침부터 수업을 들을 때면 너무나 행복했다. 그 시간은 나를 위로하는 시간이었고 대화를 통해 내 안의 나를 만날 수 있었던 너무나 소중한 시간이었다.

거의 1년에 가까운 시간 동안 감정코칭 공부를 하면서 포기하고 싶은 힘든 시기도 있었다. 건강이 점점 더 안 좋아지는 친정 아빠의 병간호뿐만 아니라 일로도 바쁜 시기였다. 과정이 마칠 무렵에는 아프셨던 친정 아빠와의 예기치 못한 빠른 이별로 공부까지도 다 포기하고 싶었다. 회사 일, 집안일, 여러 시험 등 모든 일정이 빼곡했지만 희한하게 시기적으로 겹치지 않고 퍼즐이 맞춰지듯 무사히 계획했던 강사시험까지 볼 수 있었다. 아마도 힘들게 준비한 과정인 만큼 잘 마칠 수 있도록 친정 아빠가 도와주신 것 같았다.

감정코칭 전문강사 자격증을 받았을 때는 그 어느 자격증을 취득했을 때보다 더 값지고 나 자신이 진심으로 대견하고 자랑스러웠다. 긴 수업 시간 외에도 관련 도서 및 시연 연습 등을 포함한다면 엄청난 시간과 열정을 쏟아부었다. 지금 뒤돌아보면 그 시간이 너무나 소중하고 그 시간이 없었다면 내 안에 나를 만날 수 없었을 것이다.

성장하는 엄마

힘든 시간 이후에는 항상 성장이 동반하는 것 같다. 힘든 당시에는 아무것도 눈에 들어오지 않아 내가 지금 성장하고 있는지 후퇴

하고 있는지 모를 때가 많다. 힘겨운 시간이 어느 정도 지나고 나니 한 발자국 앞으로 나아간 나 자신을 볼 수 있었다.

아이의 첫 사춘기 덕분에 감정 공부라는 새로운 길에 첫발을 내디딜 수 있었고, 나를 알아가는 시간을 통해 아이의 감정 또한 볼 수 있는 힘이 생겼다. 아이들도 엄마가 많이 변했다고 한다. 특히나 엄마가 열심히 공부하면서 하나하나 이루어 가는 모습이 멋져 보인다는 아들의 편지를 읽고 한참을 울었다.

배움으로 인해 나의 삶 또한 변해가기 시작했다. 독서와 글쓰기와의 인연도 시작됐다. 그러면서 마음속에 오랫동안 머물고 있던 걱정과 염려도 아주 천천히 감사함으로 변화하고 있었다. 단단하게 굳어져 있던 땅에 단비가 내리듯 감사한 마음이 몽글몽글 피어오르기 시작했다.

엄마에게도 감정 공부가 필요하다

일반적으로 아빠보다 엄마가 아이와 많은 시간을 함께한다. 그래서 육아 부담도 아빠보다 엄마가 훨씬 더 클 수밖에 없다. 하루 중 자녀와 함께 보내는 시간은 수면시간을 제외하고 엄마가 대략 8시간이고 아빠가 3시간 반 정도 된다고 한다. 시대가 변하면서 아빠가 아이와 함께 하는 시간이 늘어나고 있기는 하지만 그래도 여전히 엄마가 아빠보다 2배 이상 아이와 함께하는 시간이 많다. 자녀 양육 분담 비율은 엄마와 아빠가 7대 3, 가사 분담 비율도 7.5대 2.5로 큰 차이를 보인다. 그만큼 엄마는 양육과 집안일에 많은 부담을 가질 수밖에 없다.

많은 엄마가 아이와 함께 행복한 시간을 보내지만 동시에 육체적으로 정신적으로도 힘든 시간을 보내고 있다. 엄마이기 때문에 참아야 할 때도 많고, 엄마이기 때문에 버텨야 할 때도 많다. 아이를 키우다 보면 웃다가도 울고 울다가도 웃는다. 처음 하는 엄마인데 왜 이리 힘든지, 때때로 엄마라는 이름이 감당하기 힘들고 버거울 때가 있다. 그래도 엄마니까 모든 것을 포용한다.

감정 공부하면서 경청과 공감이 얼마나 중요한지 깨달았다. 결혼 전에 이런 공부를 했었다면 아마도 좀 더 평화롭게 아이들을 키우지 않았을까 싶다. 그래서 엄마도 감정 공부가 필요하다. 도전하는 것을 두려워하지 않는다면 배움을 통해 삶을 변화시킬 수 있다.

나를 알아가는 시간

감정 공부를 하면서 아이와 소통하고 공감해 줄 수 있는 마음이 생겨 많은 도움이 되었을 뿐 아니라 나 자신을 알아가는 시간이었기에 더 좋았다. 다른 때보다 아이의 특정한 행동에 더 과민반응을 보이는 나 자신을 인지하게 되었고 그것이 내면의 상처와 아픔 때문이라는 것을 점차 이해하게 되었다.

'아~! 그랬구나.', '내가 이래서 이렇게 행동했었구나!', '내 감정이 이렇구나!', '내가 이런 것에 심하게 반응하는구나!' 나를 천천히 살필 수 있는 시간이 소중했다.

누군가에게는 자신의 감정에 솔직하기가 정말 힘들 수도 있다. 각자 남다른 이유가 있겠지만 내 경우에는 느끼는 감정을 정확히 표현할 줄 몰라서 더 힘들었다. 단지 힘들다, 화난다, 짜증 난다 등 흔히 쓰는 단어 외에 다양하게 감정을 표현하는 방법에 익숙하지 않았다. 한글처럼 감정을 표현할 수 있는 다양한 말이 많은데도 말이다.

익숙하지 않은 감정을 알아가는 것이 조금은 두렵기도 했다. 그 두려움과 한번 맞서고 나니, 사실 크게 두려워할 것도 아닌데 미리 자신을 보호하고 있었다. 감정 공부를 하면서 그런 나 자신을 발견하고 감정에 더 솔직하게 다가설 수 있는 용기를 낼 수 있었다.

예민한 엄마, 완벽주의자인 엄마, 걱정이 많은 엄마 그래서 불안한 엄마. 그게 나이다.

배려심이 많은 엄마, 재미있는 엄마, 재주가 많은 엄마, 항상 열심인 엄마. 이 또한 나이다.

내 안에는 이런 나도 있고 저런 나도 있다는 것을 인정하는 것이 중요하다. 나를 알아가는 시간은 나를 인정하는 시간이고 그를 통해 내 상처를 치유하는 시간이다.

변화를 위한 인정

변화를 가로막는 가장 큰 장애물은 자신에게 변화되어야 할 부분이 있다는 사실을 믿지 않거나 받아들이려 하지 않는 것이다. 그래서 변화를 위해서는 반드시 인정이라는 작업이 필요하다.

걱정이 많고 그래서 불안한 나를 스스로 인정하기까지는 꽤 많은 시간이 필요했다. 스스로 걱정이 많다는 건 알고 있었지만 다른 사람이 나를 그렇게 생각하는 건 상당히 기분 나빴다. 하지만 진심으로 불안한 마음, 걱정하는 마음을 내려놓고 싶었다. 아이에 대한 걱정, 집안일에 대한 걱정, 일에 대한 걱정, 돈에 대한 걱정, 건강에 대한 걱정, 미래에 대한 걱정 등 모든 걱정의 짐을 다 내려놓고 싶었다.

감정 공부를 하면서 아이의 감정을 포착하고 대화를 통해서 아이의 여러 감정을 명확하게 해야 하는 것이 너무나 중요했다. 하지만 공부하면서 항상 나의 마음에 큰 의문점으로 남는 것은 '그럼 누가 나의 감정을 읽어주고 공감해 줄 것인가?'였다. 그렇게 해서 시작한 공부가 회복탄력성이었다. 이렇게 감정코칭과 회복탄력성 공부가 나한테는 나를 있는 그대로 인정하는 첫 단계이자 변화의 시작점이었다.

힘든 시간을 보냈던 아이도 본인의 감정을 숨기고, 거부하고, 무시하고, 또 지금 괜찮다고 하면서도 사실은 자신의 마음을 제대로 알아차리지 못해서 더 힘들었을 것이다. 지켜보는 부모의 마음은 무너지지만, 힘든 시기를 겪은 만큼 깨달음이 있을 것이라고 믿었다.

내가 배움을 통해 천천히 나를 인정하고 변화해 가는 것처럼 아이도 자신을 인정하면서 변화할 것을 믿는다.

나를 알고 아이를 알면 바뀌는 것들

'적을 알고 나를 알면 백전백승이다.'라는 말이 있다. 상대를 알고 나를 알면 백 번 싸워도 위태롭지 않다는 뜻으로, 상대편과 나의 약점과 강점을 충분히 알면 어떠한 싸움에도 이길 수 있다는 말이다. 아이를 적으로 보기는 뭐하지만 때로는 적보다 더 마음의 상처를 주고 서로 힘들게 할 때가 있다.

'금쪽같은 내 새끼' 프로그램을 보면 많은 부모가 다양한 육아 고민거리를 가지고 출연한다. 금쪽 처방도 좋지만 많은 부모가 금쪽이와의 속마음 인터뷰를 보고 많이 놀라면서 눈물짓는 모습들을 본다. 속마음을 알면 지금까지 아이가 얼마나 힘들었는지 그리고 무엇 때문에 그런 행동을 했는지 이해하기가 쉽다. 사실 부모임에도 불구하고 아이의 진실 된 속마음을 들어본 적이 거의 없어서 아이의 행동만을 보게 되고 그 행동 때문에 언성이 높아지고 화를 내게 된다. 정작 아이가 어떤 감정인지 어떤 마음인지 알아차리기는 힘들고 어떻게 알아차려야 하는지도 잘 모른다.

하지만 아이에 대해 좀 더 알면 그리고 나를 더 알아가면 더욱더 행복한 육아를 시작할 수 있을 것이다.

아이에 대해 알아가자

아이의 타고난 기질을 잘 이해하면 감정을 봐주는 일이 훨씬 수월해진다. 기질은 크게 3가지 유형으로 나눌 수 있다. 첫째로는 부모 말을 잘 듣는 순한 아이, 둘째로는 말도 안 듣고 고집 세고 까다로운 아이, 마지막으로 무언가를 익히는데 상당히 오랜 시간이 걸리는 느린 아이.

순한 아이는 순한 만큼 아이에게 신경을 덜 쓸 수도 있다. 그럴수록 대화도 많이 하고 부모의 관심을 보여줘야 한다. 까다로운 기질의 아이는 참 키우기 힘들다. 까칠함이 장점이 될 수 있도록 그 아이의 감정에 공감해 주고, 스스로 할 수 있도록 도와줘야 한다.

마지막으로 느린 아이는 말 그대로 모든 것이 느린 성향 때문에 급한 성격의 부모는 속이 터진다. 아이가 기죽지 않고 말하고 행동할 수 있도록 충분한 시간과 얘기할 기회를 줘야 한다.

그렇다면 당신은 아이에 대해 얼마나 알고 있는가? 내 속으로 낳은 자식이니 내가 제일 잘 안다고 얘기할 수 있는가? 사춘기 아이를 잘 안다고 자신 있게 말할 수 있는 부모가 얼마나 있을까?

아이가 어렸을 때는 무엇 때문에 우는지, 무엇 때문에 화가 났는지 눈물 콧물이 범벅인 상태에서도 시시콜콜 다 얘기했지만, 사춘기가 시작되면서부터는 말수가 적어지기 시작했다. 설령 말을 해도 다섯 글자를 넘는 경우가 극히 드물었다. 말 안 하는 아이의 마음을 아는 것은 낙타가 바늘구멍에 들어가는 것과 같이 힘든 일이다. 금쪽같은 내 새끼에 나오는 말하는 코끼리라도 데리고 와서 내 금쪽이 속마음을 속 시원히 듣고 싶을 때가 하루 이틀이 아니었다.

굳게 닫힌 마음을 하루아침에 열 수는 없었다. 천천히 기회가 될 때마다 아이의 감정을 봐주려고 노력했고, 닫힌 마음이 서서히 열릴 때까지 진심으로 기다려 주었다. 감정 공부를 하지 않았더라면 아이와의 소통은 더욱더 힘들었을 것이다.

아이마다 타고난 기질이 다 다르다. 어떤 아이는 어느 특정한 기질만 분명하게 보이며, 어떤 아이는 여러 기질이 섞여 있는 경우가 있다. 순둥이면서 한 박자 늦는 아이도 있을 수 있고, 까다로우면서 늦는 아이도 있을 수 있다. 따라서 그 아이의 성향에 맞게 아이의 마음을 읽어주는 연습이 필요하다. 감정 공부를 하면서도 여러 번 힘든 시간이 있었지만, 아이의 감정을 잘 포착하지 못한다 해서 포기하고 싶지는 않았다. 포기하지 않고 꾸준히 연습하면서 아이의 감정을 봐주려고 노력했고 그렇게 많은 시간이 지나면서 서서히 아이의 감정이 보이기 시작했다. 그러면서 아이를 좀 더 이해할 수 있게 되었다.

의도적으로 나를 알아가자

아이의 감정을 이해하고 알아가는 데는 많은 시간과 노력이 필요하다. 꾸준히 인내를 가지고 시도하려면 부모가 먼저 단단해져야 한다. 그러기 위해서는 부모 스스로 의도적으로 자신의 마음을 챙겨야 한다.

심하게 부부싸움을 하고 나서 남편이 꼴도 보기 싫은데 아이한테만 잘 할 수 있을까? 상사 또는 동료 간의 심한 갈등으로 많은 스트레스를 받은 후, 집에서 아이의 투정을 편하게 받아 줄 수 있을까? 엄마가 불안하고 정서적으로 흔들리면 아이와의 소통이 원활할 수 있을까?

남편과 싸우고 나서 아무리 아이를 평소처럼 대하고 싶어도 표정에서 티가 나기 때문에 아이는 금방 눈치를 채고 불안할 수 있다. 직장에서 동료 간의 갈등으로 힘든 시간을 보내고 있다면, 아이의 작은 투정도 몇 배로 더 크게 느껴질 것이다. 불안하고 걱정이 많은 엄마라면, 아이의 말 한마디 한마디가 다 걱정거리가 되고 불안감은 점점 더 높아질 것이다.

자신을 먼저 살펴보자. 오늘 내 기분은 어떤지 어떤 일 때문에 힘든지 그냥 묻어 두는 것이 아니라 그때그때 꺼내서 바라봐 주면 어떨까? 육체적으로 정신적으로 건강을 유지해야만 사춘기 아이의 반항도 넓은 마음으로 포용할 수 있게 된다. 자신의 감정에 솔직한 부모가 아이의 감정도 잘 알아봐 줄 수 있다.

행복 찾기

아이를 키우면서 '왜 나만 쉽게 키우질 못할까?'라는 생각을 많이 해 봤다. 유독 나만 더 힘든 것 같았다. 다른 아이들은 덜 예민해 보이고, 때도 덜 쓰고, 덜 고집스러워 보였다. 하지만 모든 것이 아이의 잘못이 아닌 아이를 보고 있는 나의 마음 때문인 것을 뒤늦게야 깨달았다.

모든 것이 완벽해야 행복하다고 생각했다. 아이를 키우면서 깨달은 것은 행복은 완벽함에서 만들어지는 것이 아니고 부족하지만 현실에 감사하면서 만들어지는 것이라는 것을 알았다. 완벽할 필요도 없고 모든 것을 다 잘하는 슈퍼맘일 필요도 없었다. 다른 아이들과 비교하지 않고 그저 내 아이의 속도에 맞춰 있는 그대로를 인정해 주는 것이 중요하다. 그 깨달음과 아이에 대한 믿음으로 아이가 바라보는 곳을 함께 격려하며 바라봐 주면 된다.

어려서부터 독특하고 자기만의 색이 강했던 아이
가지고 있는 장점이 많은 아이
반짝이는 아이디어가 풍부한 아이
웃음이 멋진 아이
조용하지만 강한 아이

이런 아이가 힘든 터널을 통과하고 새로운 길로 나가려고 노력하고 있다. 자퇴를 결심하기까지 힘든 여정을 함께 해 왔다. 이제는 아이가 무엇을 하든지 잘해 낼 수 있다는 믿음이 내 안에 있기에 더는 불안한 눈으로 아이를 보지 않는다. 요즘 들어 많이 웃는 아이를 보면 행복하다. 이 아이의 모습이 어떠하든 아이를 바라봐 주는 나의 눈에는 두려움과 걱정보다는 믿음과 격려가 가득함을 느낀다.

'다 잘 될 것이다.'라는 말이 부담스럽기도 하지만 힘이 되는 말이기도 하다. 잘 된다는 것이 남과 비교하고 경쟁 구도에서 이기는 것이 아니라 스스로가 세운 목표를 향해 천천히 나가는 것을 의미한다. 지금 당장 잘 안 됐다 하더라도 잠시 쉬었다가 다시 시작하면 된다. 무한한 가능성을 가진 아이의 앞날을 응원하고 나도 인에이블러(Enabler)가 아닌 아이를 온전히 믿음으로 바라봐 줄 수 있는 엄마로 매일 함께 성장해 나가면 되는 것이다.

아이를 알고 나를 알아가는 과정이 때로는 고통스럽고 피하고 싶을 때가 있을 것이다. 이런 과정을 거부하기보다는 용기 내어 마주한다면 아이와 함께 하는 행복한 시간의 시작이 될 것이다.

내 안에는 이런 나도 있고
저런 나도 있다는 것을 인정하는 것이 중요하다.
나를 알아가는 시간은 나를 인정하는 시간이고,
그를 통해 내 상처를 치유하는 시간이다.

Part 3

사춘기 아이와 함께
행복하게 공존하는 법

아이가 보내는 신호를 무시하지 말자

사춘기가 시작되는 아이들의 가장 큰 특징은 혼자만의 시간이 늘어난다는 것이다. 항상 수다쟁이인 아이가 어느 순간 방에 혼자 있는 시간이 많아지고, 혼자 있으면서 이어폰을 끼고 음악을 듣는 시간이 늘어났다. 사춘기의 첫 신호는 이어폰으로 음악 듣기가 아닐까 싶다.

또 눈에 띄게 달라지는 것은 말투와 눈빛이다. 어려서 깔깔거리고 웃고 조잘조잘하던 아이는 어디로 갔는지 찾기 힘들고 눈을 맞추기조차 힘들어진다. 마주치더라도 눈에서 레이저가 나올 듯 쳐다보거나 삐딱한 눈빛으로 본다. 말투는 어떠한가? 몇 마디 말도 안 했는데 먼저 성질을 내거나 일부러 하라고 해도 할 수 없을 정도로 쌀쌀맞게 말을 던지기 일쑤다. 가장 많이 하는 말이 '몰라', '아니', '응', '됐어', '왜', '싫어' 등 절대 길게 얘기하지 않는다.

나 좀 봐주세요!

이러한 사춘기 아이들의 눈빛과 말도 호르몬 변화이기도 하지만 나름의 이유가 있을 수 있다. 학교에서 친구들과 문제가 있을 수도 있고 학원에서 숙제 때문에 선생님께 꾸중을 들었을 수도 있다. 아이들도 자신이 속해있는 작은 사회에서 성장해 나가면서 행복해하기도 하고 고민하고 스트레스를 받기도 한다. 하지만 부모는 무슨 이유로 아이가 그러는지 알아보기 이전에 아이의 행동만을 보고 화를 내거나 잔소리를 하는 경우가 많다.

아이들의 행동에는 '엄마 아빠, 나 좀 봐주세요!'라는 메시지가 포함되어 있다. 부모는 아이들에게 가장 좋은 것을 해 주고 싶고 남부럽지 않게 해 주고자 하는 마음이 간절하다. 내 아이에게 관심이 없을 수가 없다. 하지만 참 묘한 것은 이런 부모의 관심을 아이는 싫어한다. 속으로는 관심받기 원하지만, 막상 부모가 관심을 보이면 신경 쓰지 말라고 한다. 그렇다면 무엇 때문에 이렇게 서로의 온도 차이가 생기는 것일까?

아이가 원하는 관심은 부모가 보이는 관심과는 다르다. 아이가 나 좀 봐 달라고 하는 것은 행동이 아니라 내 마음을 좀 봐 달라고 하는 말과 같다. 아이가 느끼는 부모의 관심은 오로지 학업과 성적에 집중되어 있다고 생각한다.

'학교는 잘 다녀왔니?', '학원 숙제는 다 했니?', '학교 준비물은 미리 다 챙겼니?', '성적이 이렇게 떨어져서 어쩌니?', '핸드폰 좀 그만해.', '게임 좀 그만하고 숙제부터 해.', '책을 읽는 모습을 못 봤네.'

나도 마찬가지였다. 퇴근 후 아이들을 보면 학교에서는 별문제 없었는지, 학원은 잘 다녀왔는지, 숙제는 다 해 갔는지, 아이와의 대화가 거의 다 학업에 관한 얘기뿐이었다. 아이가 오늘 하루를 어떤 마음으로 보냈는지 한 번도 물어본 적이 없었다.

'오늘 기분은 어때?' 이렇게 아이에게 묻는다면 아이는 자신이 관심받고 있다는 느낌을 받게 될 것이다. 이러한 관심은 아이가 학교에서 어떻게 지냈는지 학원 숙제를 했는지에 초점을 맞춘 것이 아닌 오로지 내 아이가 기쁜지 슬픈지 행복한지 힘든지에 대한 아이의 감정에 집중하는 것이다. 이것이 아이와 소통할 수 있는 첫 단추를 끼는 것과 같다.

학원가기 싫어요!

초등학교 고학년부터는 학원을 안 가는 아이가 거의 없을 정도로 학원을 1~2곳 다니는 것이 일상이 되어버렸다. 아이들이 커가면서 하루에 한 번씩 꼭 하는 말이 '학원 가기 싫어요!'였다. 어렸을 때는 엄마한테 혼나는 것이 무서워서라도 학원에 간다. 하지만 고학년이 될수록 부모가 무서워서 억지로 학원에 가는 아이는 드물다. 특히 사춘기 아이를 등 떠밀어 학원에 보내는 경우는 드물다. 왜? 안 갈 녀석은 뭐라 해도 안 가기 때문이다. 혹여 그렇게 간다고 해도 몸은 학원에 있지만, 마음은 다른 곳에 가 있어서 시간만 낭비하고 오는 경우가 많다.

동네 학원에 다닐 때와는 달리 대형학원에 다니고부터는 리뷰 테스트, 과제, 지각 등 아이의 학습 태도 및 성적에 관한 내용을 바로바로 문자 알림으로 전송해주었다. 처음 이런 문자를 받았을 때는 학원이 학부모와 소통을 잘하고 학생 관리를 잘하고 있다고 생각했다. 하지만 리뷰 테스트의 전체 평균점수와 아이의 점수, 숙제 완성도 여부 및 몇 분 지각했는지까지 아이의 학원 생활에 대해 매번 받다 보니 점점 마음이 불편해졌다. 부족한 면이 수치로 보이기 때문에 믿고 스스로 하길 바라면서도 기다려 주기가 힘들었다. 나도 모르게 숙제는 왜 못 했는지, 리뷰 테스트 점수는 왜 그런 건지 물어보게 되고 잔소리를 할 수 밖에 없었다.

이런 것들이 반복되면서 아이는 어느새 학원에 대한 반감이 생기고 부족한 부분을 보충하려고 했던 처음의 마음과는 달리 아이의 자신감만 더 잃게 하고 말았다. 학원 다니는 아이라면 학원 안 간다는 말은 한 번씩은 하니깐 그 말을 깊게 생각하지는 않았다. 학원을 좋아서 다니는 아이가 몇 명이 될 것이며 다들 힘들어하면서도 다니는 학원이니 견뎌야 한다고 생각했다.

하지만 학원 가기 싫다는 말이 아이가 힘들어 살려달라는 고함이라는 것을 나중에 알게 되었다. 아이마다 성향, 기질이 다르겠지만 어떻게든 다들 하는 것에 맞춰가려고 했다. 이러한 것이 내 아이에게는 독이 되었던 것이다.

아이가 행복할 땐 웃듯이 힘들 때 힘들다고, 슬플 때는 슬프다고 어떻게든 신호를 보낸다. 그러한 신호를 잘 알아차려야 한다. 아무리 사춘기의 아이들이라도 노력은 한다. 부모가 보기에는 핸드폰만 보고, 게임만 하며 생각 없이 하루를 보내는 것 같지만 아이는 아이 나름대로 혼자 노력하는 중이다. 이런 노력을 봐줘야 한다. 아이가 보내는 신호들을 무심하게 넘기지 말아야 한다.

점점 더 치열해지는 사회에서 매일 성장하고 있는 아이들의 사소한 몸짓과 말들을 무시하지 않고 들여다봐 주어야 한다. 늦게까지 학원에서 또는 도서관에서 오는 아이에게 오늘도 수고했다고 어깨 한번 다독여 주고, 오늘 하루 기분이 어땠냐고 물어봐 주면 된다. 대꾸도 하지 않고 자기 방으로 쌩하니 들어갈 수도 있다. 혹은 아주 짧게 '몰라'라고 퉁명스럽게 대답만 하고 자기 방으로 사라질 수도 있다. 거기에 마음 상해할 필요는 없다. 그저 아이의 기분을 한 번이라도 물어봐 줌으로써 아이에게 엄마의 관심과 사랑을 전하면 된다.

잘 들어주기만 해도 된다

인간은 듣기보다 말하기를 좋아한다. 다른 사람의 말을 듣고 이해하기 전에 내가 먼저 이해받고 인정받고 싶은 인간의 기본적인 욕구 때문이다. 아이와의 대화에서도 마찬가지다. 점점 말이 없어지는 사춘기 아이와의 대화를 보면 확연히 알 수 있다. 아이가 한마디 할 때 엄마는 벌써 열 마디 백 마디를 한다. 했던 말을 또 하거나 말을 하다가 스스로 화가 나서 언성을 높이기도 한다. 아이의 말을 끝까지 들어주지 못하고 중간에 자르고, 하고 싶은 말만 계속할 때도 있다. 부모로서는 지금까지 살면서 경험하고 깨달은 것들을 조언해 주고, 같은 시행착오를 안 겪었으면 하는 마음이 클 것이다. 하지만 말로 소통해야 하는데 말 때문에 소통의 문이 닫히는 경우가 생긴다.

아이와의 소통법 중 가장 많이 언급되는 것이 경청이다. 전문가들은 먼저 잘 들어주어야 한다고 말한다. 유명한 래리 킹 CNN의 라이브 토크쇼 진행자는 '당신이 타인의 말에 귀 기울이지 않으면, 그들도 당신의 말에 귀 기울이지 않는다.'라고 했다. 많은 사람이 상대방의 말을 잘 들어줘야 한다는 것을 잘 알고 있다. 하지만 상대방의 말에 귀 기울이기가 쉽지는 않다. 쉽다면 모든 사람이 소통의 달인이 되었을 것이다. 인간관계에 있어서 어려움을 호소하는 사람도 없을 것이다.

사춘기 아이와 잘 지내는 방법도 그냥 잘 들어주기만 하면 된다. 그럼 어떻게 하면 아이의 말을 잘 들어 줄 수 있을까?

듣기 위해 비우자

먼저 아이의 말을 들어 줄 준비부터 해야 한다. 아이의 말을 듣기도 전에 나의 잣대에 맞춰 이미 해야 할 말들을 다 생각해 놨다면, 아이의 말을 들을 필요도 없고 듣는다고 해도 제대로 공감해 줄 수 없다. 결국에는 서로 언성만 높이고 성질내면서 방으로 들어가는 아이의 모습을 보고 또 화가 날 것이 분명하기 때문이다.

대화를 시작할 때 먼저 나의 마음과 생각을 깨끗하게 비워야 한다. 나만의 선입견과 판단을 내려놓고, 조언, 충고, 비판하고 싶은 생각을 다 깔끔히 비워내야만 아이의 말을 있는 그대로 들어 줄 수 있다. 아무것도 없는 텅 빈 상태에서 아이의 말을 들을 때 제대로 공감할 수 있는 공간과 여유가 생긴다.

흰 도화지에 그림을 그리듯 아이의 이야기로 밑그림을 그리자. 이미 많은 그림이 있는 도화지에는 더 그림을 그리고 싶은 마음이 생기지 않는다. 아이가 어렸을 때 마음껏 그림을 그릴 수 있도록 흰 전지를 사서 벽에 붙여 본 경험이 있을 것이다. 그렇듯 오로지 아이의 이야기로 흰 도화지를 채울 수 있도록 내 생각과 마음을 비워야 한다.

아이를 있는 그대로 인정하자

사춘기 아이의 가장 큰 특징은 자신들이 이젠 다 컸다고 생각한다. 그래서 나름 어른처럼 대우받기 원한다. 하지만 부모의 눈에는 몸만 커졌지 아직도 어리고 어설프고 챙겨줘야 하는 존재로만 느껴진다.

사춘기에 접어든 아이는 더는 부모가 하나부터 열까지 챙겨줘야 하는 어린아이가 아니다. 여러 가지 경험을 통해서 성장할 수 있는 나이이다. 부모는 자녀를 하나의 인격체로 인정해야 비로소 아이의 마음을 봐줄 수 있고 들을 수 있다. 한 인격체가 아닌 부모의 부속품이라고 생각한다면 아이의 행동과 말을 있는 그대로 존중해 주고 들어주기 힘들다. 계속 부모의 기준에 맞추려고 요구할 것이고 행동을 고치려고 잔소리만 할 것이다. 인정해 주지 않으면 아이의 불만스러운 행동만 보게 될 것이다.

말을 아끼고 몸으로 대화하자

사람이 소통하는 데 있어서 언어로 감정을 표현하는 것은 불과 7%에 지나지 않는다고 한다. 나머지 93%가 언어가 아닌 비언어적 전달이라는 것이다. 꼭 말을 많이 해야만 내 의견과 마음이 전달되는 것은 아니다. 많은 말을 하지 않아도 서로의 마음을 충분히 공감해 줄 수 있다. 경청이 귀로만 하는 것이 아니라는 말이다.

표정으로도 다양한 감정을 표현할 수 있다. 폴 에크만 박사의 연구 결과에 의하면 인간의 얼굴은 단 2개의 근육만으로도 300가지의 표정을 지을 수 있다고 한다. 그러므로 아이의 말을 듣고 있는 나의 표정을 보고 아이는 자신의 말이 얼마나 받아들여지고 있는지 쉽게 파악할 수 있다. 그뿐만 아니라 부모도 아이의 말하는 표정을 보고 아이의 감정을 파악할 수 있게 된다. 말의 억양, 톤, 몸짓, 표정, 태도, 눈빛 등 신체 언어로 경청, 수용, 공감을 표현하는 것이 중요하다.

아이가 얘기하고 있을 때 들어 준다고 하면서 눈도 안 맞추고 팔짱을 끼고 아무 반응도 보이지 않는다면, 아이는 엄마가 내 이야기에 흥미가 없다고 바로 눈치챈다. 몸의 방향을 아이에게 향하게 하고, 고개를 끄덕여 주고, 공감의 눈빛으로 아이를 바라봐 주는 행동만으로도 아이가 편하게 말할 수 있는 분위기를 만들 수 있다. 아이가 편하게 말할 때 아이의 감정을 더 쉽게 알아차려 줄 수 있고 조금 더 깊게 대화를 이어갈 수 있게 된다.

엄마의 말만 바꿨을 뿐인데

　말에 대한 속담은 동서양을 막론하고 셀 수 없이 많다. 그만큼 말에 대한 중요성을 대대손손 전하고 싶어서가 아닐까 싶다. 그중 모로코에는 '말이 입힌 상처는 칼이 입힌 상처보다 깊다'라는 속담이 있다. 상처는 치료하고 시간이 지나면 새살이 나지만 말로 입은 상처는 쉽게 없어지지 않는다는 뜻을 포함한다. 미국 시인인 헨리 W. 롱펠로우는 '내뱉은 말은 상대방의 마음속에 수십 년 동안 화살처럼 꽂혀 있다.'라고 했다. 한번 내뱉어진 말은 주워 담을 수 없고, 남에게 상처 되는 말은 수십 년 동안 그 사람을 아프게 한다. 트라우마로 남는 때에는 비슷한 경우에 고통받았던 감정들이 다시금 솟아오른다. 그만큼 말로 상처받은 마음은 치료가 되는 것이 아니라 치유가 되어야 한다.

사춘기 아이와 얘기를 하다 보면 나도 모르게 감정이 격해져서 마음에도 없는 말이 나올 때가 있다. 아이 또한 평소에 쓰지도 않았던 격한 말들을 쏟아붓는다. 결국에는 서로에게 상처 주는 말로 끝나는 경우가 많다. 말 때문에 서로 원수가 되고 서로 멀어지고 반면 말 덕분에 서로 가까워지기도 한다. 그렇게 대화로 마음을 열 수도 있고 닫을 수도 있다.

하지 말아야 할 말

일상생활에서 많은 부모가 자신도 모르는 사이 아이에게 상처 주는 말을 많이 한다. 상처를 주려고 의도적으로 독이든 말을 하는 부모는 없을 것이다. 하지만 평소에 무의식적으로 쓰는 말이 아이에게는 상처로 오랜 시간 남는다는 것을 많은 부모가 모르고 있다.

감정 공부를 하고 나서야 어렸을 때 아이에게 했던 말이 아이에게 상처로 남거나 잠재의식 속에 박혀 있게 했을 수 있다는 것을 깨달았다. 단지 아이가 자기가 할 일들을 제대로 했으면 하는 마음으로 했던 말이 결국엔 비난, 경멸, 무시의 말투였다. 아이가 이런 말을 들었을 때 어떤 느낌일지에 대해서는 한 번도 생각해 본 적이 없었다.

부모가 진짜로 하지 말아야 할 말들이 비난의 말, 경멸의 말, 방어의 말 그리고 담쌓으며 무시하는 말이다.

비난의 말은 상대가 인격적으로 성격적으로 문제가 있다고 느끼게 한다. 남자보다 여자가 비난의 말을 더 많이 한다는 연구 결과도 있다. '항상', '언제나', '늘', '맨날', '절대로', '왜' 가 들어가는 모든 말은 현재의 잘못된 행동만이 아닌 늘 항상 똑같은 잘못을 되풀이하는 아이로 결론 내 버린다. 부모는 아이가 반성하고 다시는 그런 행동을 안 했으면 하는 마음에서 말하지만 아이는 역으로 상처만 받고 반발심으로 행동만 더 나빠지게 된다.

비난의 말

"너는 왜 말로만 한다고 하는데?"

"언제 하려고 하는데? 하기는 할 거야?"

"지금까지 뭘 한 거야?"

"왜 매번 그러는데?"

"너만 힘든 줄 알아? 다 힘들어."

경멸의 말은 말 그대로 내가 상대방보다 우월하다고 생각하여 조롱하고 비웃으면서 상대방의 기분을 엉망으로 만든다. 경멸의 말을 많이 하는 사람은 상대의 좋은 점보다는 나쁜 점을 먼저 보는 경향이 많다. 경멸의 말을 들은 아이는 부모와의 신뢰감을 절대 쌓을 수 없다. 경멸의 말을 직접 하지 않아도 표정만으로도 충분히 표현할 수 있다. 가트맨 박사는 경멸은 사람 관계에 있어서 가장 독성이 강하다고 했다. 경멸로 인해 망가진 관계를 회복하는데도 5배 이상의 노력이 필요하다고 할 정도로 회복하기 힘든 관계로 변해간다는 것이다.

경멸의 말

"네가 지금 정신이 있는 거야 없는 거야."

"너 때문에 힘들어 미치겠다."

"네가 공부하는 애 맞아? 학생 맞아?"

"공부 안 하면, 뭐 해 먹고 살려고?"

방어의 말은 대부분 아이가 하지만 부모도 알게 모르게 많이 한다. 방어는 자신의 결백함이나 무고함을 알리고 자신을 비난으로부터 보호하려는 의도에서 나오는 경우가 많다. 정작 아이는 방어적인 부모의 말에 의해 부모의 의도를 오해하거나, 모든 게 자기 탓인 양 자책감에 빠져들어 마음의 문을 더 닫게 된다.

방어의 말

"그러는 넌 뭘 잘했는데?"

"왜 엄마한테만 잔소리한다고 하는데?"

"다른 엄마들도 다 그래."

"다 너 잘되라고 하는 소리야."

"다 네가 걱정돼서 그러는 거지."

담쌓기는 말하는 사람을 완전히 유령 취급하는 것이다. 상대방을 말로 무시하는 것보다 훨씬 더 강력하게 무시하고 배척하는 것이다. 아이가 옆에서 말을 해도 시선을 피하거나, 다른 곳을 보거나, 딴청을 하는 행동이 담쌓기에 해당한다. 사실 담쌓기는 주로 남자가 여자보다 더 많이 한다. 담쌓기를 하게 되면 아이의 존재감 자체가 거부당하고 소외당하는 기분이 들게 된다. 이런 담쌓기가 지속되면 말하는 사람은 어느 순간 자존감이 땅에 떨어지게 되고, 서로의 대화는 점점 줄어들어 서로 멀어질 수밖에 없다.

담쌓기

"알았어. 지친다. 그만하자."

"그래그래, 다 내가 잘못했어. 됐지?"

"됐어. 네 마음대로 해."

"…" (무응답, 무반응)

해야 할 말

사람은 말 때문에 상처받고 말 덕분에 위로받고 치유 받는다. 말로 인해서 마음이 닫히기도 하고 열리기도 한다. 아이의 마음을 여는 대화는 어떤 것이 있을까? 비난의 말, 경멸의 말, 방어의 말, 담 쌓기로 닫혀 있는 마음을 어떻게 열 수 있을까? 이 네 가지의 말이 독이라면 이 독을 해독할 수 있는 해독제는 없을까?

상처받은 아이는 행동도 말도 거칠고 공격적이다. 이런 행동을 본 부모 또한 감정이 상해 또 상처 주는 말을 하게 된다. 다람쥐 쳇바퀴 돌듯이 악순환의 연속인 셈이다. 많은 부모가 화가 나면 목소리가 커지고 톤이 높아지고 비난의 말을 퍼붓게 된다. 이렇게 크고 격한 소리는 사춘기 아이에게 자극제 역할을 한다. 그래서 먼저 아이와 대화를 하려면 부드러운 억양과 목소리 톤은 조금 낮추는 것이 도움이 된다.

다가가는 대화를 하게 되면 닫힌 마음도 열릴 수 있다. 아무리 부드러운 억양으로 말한다 해도 엄마가 하고 싶은 말만 한다면 대화를 이어나갈 수가 없다. 먼저 아이의 말에 귀 기울이는 것이 중요하다. 하지만 집중해서 아이 말을 듣는다고 해서 다 잘 들을 수 있는 것은 아니다. 관심이 없으면 아이가 어떤 말을 해도 귀에 잘 들어오지 않는다. 먼저 아이에게 관심을 가져야 한다.

관심이 있으면 자연스럽게 아이에게 질문하게 된다. 아이가 어떤 상황에 있는지 또 그때 어떤 감정이었는지 다양한 질문을 통해서 아이의 마음을 볼 수 있다. 상황을 해결하기 위한 목적성 질문이 아니라 아이를 배려하고 이해하기 위해 질문을 해야 한다. 아이의 말을 관심 있게 들어주면 아이는 신나서 더 많은 이야기를 하고 싶어 할 것이다. 먼저 관심이 있어야 경청할 수 있고, 경청하게 되면 공감할 수 있게 된다. 이것이 다가가는 대화의 힘이다.

관심, 경청, 공감의 말

"아, 그렇구나."

"그래서 넌 어떻게 했어?"

"그래서 어떻게 됐어?"

"어떻게 하고 싶어?"

"많이 힘들었겠구나."

"…했다는 거지. 내가 잘 이해했니?"

"… 그런 일이 있었단 말이지."

"엄마도 그런 적이 있었어."

"그런 기분 들 만하네, 기분이 진짜 나빴겠네."

"그래, 엄마도 그 기분 알 것 같아."

"엄마도 그랬을 것 같아."

경청과 공감은 꼭 말이 아니어도 눈을 마주 보고, 고개를 끄떡이는 것처럼 표정과 몸짓으로도 충분히 아이가 하는 말에 경청하고 공감해 줄 수 있다. 경청은 귀로만 아이의 말을 잘 듣는 것이 아니라 마음을 열고 가슴으로 듣는 것이다. 그래야 그 안에서 피어나오는 감정과 마주할 수 있고 충분히 공감해 줄 수 있다.

비수 같은 아이 말에 상처받지 말자

사춘기는 어렸을 때 말 안 듣고, 응석 부리고, 투정 부리는 수준과는 차원이 다르다. 너무나 얌전했던 아이가 사춘기가 되면 돌변할 때가 있다. 한 번도 하지 않았던 행동을 한다던가, 한 번도 하지 않았던 말로 부모의 가슴에 상처를 낸다. 때로는 일부러 엄마 아빠를 힘들게 하려고 이러는 건가 싶을 정도로 완전히 다른 아이가 되어 버릴 때도 있다. 어쩜 그렇게 가슴에 상처로 남을 말만 골라 하는지, 전혀 그러지 않았던 아이가 왜 이러는 건지 많은 고민으로 사춘기 아이의 부모는 남몰래 많은 눈물을 흘린다.

아이가 어렸을 때는 아이를 키우면서 생기는 여러 가지 고민거리를 또래 엄마들과 있는 그대로 공유하고 서로 격려하는 경우가 많다. 그러면서 서로 경험담을 통해 위로받고, 좋은 정보도 나누면서 육아의 힘든 시기를 함께 이겨나간다.

사춘기 아이의 엄마들은 어떠한가? 그냥 '우리 아이가 사춘기라 힘들어요.'라고만 할 때가 많다. 어렸을 때와 달리 어떤 일 때문에 힘들고 어떤 일들이 있었는지 시시콜콜하게 나누지 않는다. 아니 그렇게 하고 싶어도 할 수가 없다. 가출, 자해, 폭행, 폭언, 담배, 음주 등 또래 엄마들과 공유할 수위를 넘는 이야기들이 너무 많기 때문이다. 많은 부모가 십 대의 문제에 있어서 또래 엄마들과 공유도 못 하고 혼자서 힘들어하는 경우가 많다. 엄마보다는 전문가에게 도움을 요청하거나 상담을 통해서 치유와 위로를 받는 경우가 더 많다.

단단해져야 한다

아이가 사춘기를 겪으면서 한 번도 들어본 적이 없던 말을 했다. 순하고 착한 아이였는데 사춘기가 오면서 하지 않았던 행동과 말이 나를 힘들게 했다. 사춘기 시기를 보내면서 육체적으로 정신적으로 성장하는 시기이기에 어느 정도 각오는 하고 있었지만, 워낙 걱정이 많은 나로서는 감당하기 힘든 말이었다.

"내가 왜 태어났는지 모르겠다.", "하나님은 왜 나를 태어나게 하

서서 이렇게 힘들게 하냐?", "전쟁이 나서 다 죽어 버렸으면 좋겠
다.", "지구가 멸망했으면 좋겠다."등 비수 같은 말들을 던졌다.

모든 말이 진심으로 다가왔다. 혹여 아이가 극단적인 선택을 하
는 것은 아닌지 모든 신경이 아이에게 향했다. 수많은 걱정은 눈덩
이처럼 커져 나를 집어삼키려 했고 나를 점점 더 작아지게 했다.

나 또한 가장 힘든 시기에 아이와 함께 상담을 받기 시작했다.
하지만 얼마 되지 않아 아이는 상담조차도 거부했고, 남편과 함께
부모/부부 상담을 통해 아이의 힘든 시기를 함께 헤쳐나갔다. 여러
차례의 상담을 통해 가장 크게 깨달은 것은 내가 먼저 단단해져야
한다는 것이었다. 아이의 행동과 말에 좌지우지되지 않고 중심을
가지고 평정심을 찾는 것이 중요했다.

독일의 가족 상담사이자 심리치료사인 엘리자베트 라파우프는
가장 힘들지만 가장 중요한 일이 아이들의 언행에 상처받지 않는
것이라 했다. 엄마가 흔들리지 않아야 아이가 무슨 일이 생기면 말
할 수 있고 나중에라도 돌아와서 쉴 수 있다. 든든한 버팀목이 되
어 주어야 한다. 그래서 부모는 아이보다 큰 존재여야만 한다. 신체
적으로 아이보다 커서 큰 존재가 아니라, 아이가 힘들 때나 좋을 때
언제든지 포용해 줄 수 있고 든든한 힘이 되어줄 수 있는 큰 존재이
어야 한다.

아이가 혹시라도 안 좋은 생각을 할까 봐 불안하고 염려스러운 마음이 드는 것은 어쩌면 너무나 자연스러운 일이다. 하지만 거기에 너무 오래 머물러 있으면 감정의 소용돌이 속에서 쉽게 빠져나오지 못하고, 여러 상황에 쉽게 요동치게 된다. 마음이 흔들리지 않고 단단해지기 위해 불안과 걱정을 내려놓는 연습을 해야만 한다. 그래야 어떤 상황에서도 아이와 부딪히지 않고 함께 해 줄 수 있는 든든한 부모가 될 수 있기 때문이다. 중심이 단단한 부모는 언제 끝날지 모를 아이의 사춘기를 지혜롭고 넉넉히 이겨낼 수 있다.

따뜻한 심장과 차가운 머리

사춘기 아이의 행동과 말은 모순적일 때가 종종 있다. 부모한테는 관심 끄라고 하지만 정작 관심을 안 보이면 자기가 어떻게 되던 엄마 아빠는 관심도 없냐고 성질을 낸다. 아침에 깨우지 말라 해서 안 깨우면 왜 깨우지 않았냐고 성질을 낸다. 공부는 하기 싫지만, 시험 성적은 잘 나왔으면 한다. 성질나서 대판 누구와 싸우고 싶다가도, 싸워서 맞는 건 아프다고 싫다 한다. 참, 내 자식이지만 어느 기준에 맞춰야 할지 난감할 때가 많다.

아이가 자기감정을 추스르지 못하고 무례하게 행동하고 말로 상처를 줄 때 부모는 화를 참고 자신을 다스리려 하지만 자신도 모르게 화가 나서 씩씩거리게 된다. 인간의 한계를 자극할 때가 한두 번이 아니다. 사람마다 화를 극으로 치닫게 하는 도화선이 있다고 한다. 아이가 그 도화선에 불을 붙이는 순간에는 나도 모르게 자제할 수 없을 정도로 화를 내는 경우가 많다. 하지만 이렇게 아이와 부모가 둘 다 화를 내고 자제력을 잃어버리면 결국에 남는 것은 서로에게 준 상처뿐이다. 이럴 때일수록 한 걸음 쉬어가는 것도 방법이다. 끓어오르는 화를 잠재울 수 있는 나만의 방법을 찾아야 한다.

잠시 동네 한 바퀴를 산책하는 것도 좋다. 애완견이 있다면 함께 산책하거나 목욕을 시키는 것도 화를 분산시키는데 좋은 방법일 것이다. 끓어오르는 화를 다스려야 머릿속이 정리된다.

하루는 저녁을 준비하는데 미칠 듯 화가 나서 참을 수가 없었다. 억누르고 있었던 감정이 폭발하듯 모든 것이 싫고 짜증이 났다. 썰다 만 야채를 그 자리에 두고 무작정 운동화를 신고 나와 버렸다. 모든 피가 위로 솟구쳐 싸늘해진 심장과 타오르는 머리는 이성적으로 생각할 수 있는 모든 것들을 차단해 버렸다. 심호흡하면서 동네를 크게 한 바퀴 돌았다. 그렇게 한 바퀴, 두 바퀴, 세 바퀴 어느덧 한 시간 반이 지나서야 마음을 진정시킬 수 있었고 발길을 집으로 돌릴 수 있었다.

비록 저녁 시간은 훌쩍 지나갔지만, 그 자리에서 감정을 추스르지 못하고 폭발해 버렸다면 아이와 남편에게 독한 말로 상처만 줬을 것이다. 오랜 시간 걸으면서 감정의 홍수에서 벗어날 수 있었다. 끓어오르는 감정을 정화함으로써 이성적인 머리와 다시 따뜻한 피가 도는 심장을 찾을 수 있었다.

아이가 아무리 격하게 나와도 그 악순환에 휘말려서는 안 된다. 진정 아이를 위한다면 따뜻한 심장과 차가운 머리로 아이를 봐주어야 한다. 아무리 화가 나도, 집 나가고 싶다는 아이에게 나가라는 말을 해서는 안 된다. 아이가 감정이 격해져서 "나가서 죽어버릴 거야!"라고 말한다 해도 "죽어. 그래 너 죽고 나 죽자!"라는 식으로 함께 격해진다면 서로에게 아픈 상처만 남기고 만다. 죽고 싶을 만큼 힘든 아이의 마음을 알아봐 줘야 한다.

따뜻한 마음으로 하지만 이성적인 머리로 부모는 늘 그 자리에 있어 주어야 한다. 격해 있는 아이의 버르장머리를 고치겠다고 아이를 강압적으로 대응할 필요도 없다. 아이의 모습을 두려워하거나 회피해서도 안 될 것이다. 구제 불능이라 생각하고 무관심으로 아이를 대하는 것도 결국에는 아이가 기댈 곳도, 다시 돌아올 곳도 없어지게 만드는 것이다. 부모는 아이의 감정을 충분히 수용해 주고 행동의 경계를 정해주어야 한다. 또한, 아이 스스로 행동을 수정할 방법을 찾도록 끊임없이 아이를 격려하고 사랑해주면 된다. 어떤 상황에 부딪혀도 아이가 부모에 대한 사랑을 의심하지 않게 하는 것이 부모가 해야 할 역할이 아닐까 싶다.

아이의 장점을 먼저 찾아보자

　사춘기 아이와 함께 하는 시간이 때때로 전쟁터와 같을 때가 있다. 눈에 보이는 무기가 아닌 보이지 않는 말이라는 무기로 서로를 아프게 하고 다치게 한다. 이런 상황에서는 아무리 내 자식이지만 정말 밉고 싫을 때가 있다. '내가 너를 지금까지 어떻게 키웠는데 네가 엄마한테 이럴 수 있어!'라고 소리소리 지르며 따지고 싶을 때도 있다.

　간식이라도 챙겨주고 싶은 마음에 아이의 방을 살며시 노크하고 들어가 본다. 열심히 공부하고 있을 아이의 모습을 기대했지만, 침대에 누워서 핸드폰 게임만 하는 아이의 모습을 보면 잔소리를 안할 수 없게 된다. 부모의 눈에 비치는 사춘기 아이의 행동은 하나부터 열까지 아니 백까지 마음에 안 들 때가 많다. 저러다 대학은 갈 수 있을지, 커서 뭐 해 먹고 살건지, 대학 갈 생각은 있는 건지 이런 저런 걱정거리가 끊이지 않는다. '숙제 다 하고 게임 하는 거니?'라고 물어보면 '이 판만 끝나고요.', '하려고 했어요.', '엄마는 내가 공부할 때는 안 들어오고 게임 할 때만 들어와서 잔소리하세요.' 이런 저런 변명 아닌 변명을 늘어놓는다.

아이의 이런 모습을 보면 실망스럽기도 하고 슬슬 화가 치밀어 올라오기도 한다. 아이의 행동을 보지 말고 감정을 봐줘야 하는 것을 알고 있지만 그렇게 하기가 쉽지 않다. '그래. 학교 끝나고 학원 갔다 오면 쉬어야지. 얼마나 힘들겠어.', '조금 있다가 하겠지!' 한두 번 정도는 기분 좋게 기쁜 마음으로 이해할 수 있다. 하지만 여러 번 이런 상황이 반복되면, '해야 할 숙제부터 하면 안 돼?', '언제까지 게임만 할 거야?', '조금 있다가 졸린다고 잘 거잖아.' 부모도 자제할 수 없는 잔소리 폭탄이 터져버린다.

아이의 감정을 봐주는 일은 쉬운 일이 아니다. 아이와 신경전을 하다 보면 결말은 불 보듯 뻔하다. 서로 감정의 홍수에 빠져 허우적거리고 서로에게 상처만 남긴다.

장점 쓰기

아이의 감정을 알아차리기 힘들 때 도움이 될 만한 방법이 한 가지 있다. 바로 아이의 장점을 찾는 것이다. 그냥 '잘했다'라는 칭찬이 아닌 아이가 가지고 있는 좋은 점을 종이에 써 보는 것이다. 아이의 장점을 한두 개 정도 적는 것이 아니라 적어도 50가지 이상 적어보자.

처음 아이의 장점을 쓰기 시작했을 때, 딱 10개 정도 쓰고 나니 막히기 시작했다. 아이의 부족함을 쓰라고 하면 더 쉽게 쓸 수 있지 않을까 싶을 정도로 장점을 찾기가 쉽지 않았다. 아이의 부족함을 역으로 생각해 보기 시작했다. 아이가 잘하고 좋아하는 일이 무엇인지 내가 알고 있는 아이는 어떤 아이인지 적어봤다. 아이의 성격, 외모, 취향, 잘하는 것, 좋아하는 것, 열심히 하는 것, 기질 등 여러 가지 면에서 아이를 떠올리며 탐색하기 시작했다.

놀라운 것은 쓰면 쓸수록 '아! 내 아이가 이런 장점도 있었구나. 내가 미처 이 장점을 봐주질 못했구나.'라는 생각이 들었다. 장점을 하나씩 찾다 보니 아이에게 감사할 것도 많다는 것을 알게 됐다. 이렇게 보배로운 아이인데 내가 그동안 너무 부족한 면만 보고 있었다는 생각이 들어 미안한 마음마저 들었다.

아이가 그릇이라고 생각해 보자. 앞에서 보는 모습, 옆에서 보는 모습, 위에서 보는 모습이 전부 다 다른 모습이다. 보는 각도에 따라 다른 모습인데 그동안 내가 보고 싶고, 익숙한 한 곳만 보고 아이의 모습은 이렇다고 판단했던 것이다. 다양한 각도에서 아이를 보기 시작하니 50가지 이상 아이의 장점을 쓰는 것은 쉽게 할 수 있었다.

아이의 장점에서 잠재력을 찾아보자

장점을 찾고 나서 아이를 바라보는 시선이 서서히 달라졌다. 지금까지 아이의 부족한 면만을 봤다면 장점 쓰기를 한 후에는 아이의 장점에 더 집중하게 됐다. 숨은 그림 찾는 것처럼 아이의 장점을 찾을 때마다 기쁘고 아이에게 이런 면이 있었구나 싶어 흐뭇할 때도 있었다.

'금쪽같은 내 새끼' 프로그램에 고집이 엄청나게 세고 예민한 아이가 나왔던 적이 있었다. 그러한 어려움 때문에 다른 또래 아이들과도 어울리기 힘들어했고 부모의 고민은 이만저만이 아니었다. 오은영 박사는 이런 아이를 예민하고 고집 센 아이로만 보지 않았다. 박사는 자기 주도적 성향이 강한 아이로 보았다. 그 말을 듣는 순간 누군가에게 뒤통수를 세게 제대로 얻어맞은 느낌이 들었다.

첫째 아이는 어려서부터 예민한 것에 대해서는 둘째가라면 서러울 정도로 예민했다. 자다가 벨 소리 때문에 깨면 그때부터는 정신없이 울기 시작했기 때문에 두 돌이 넘어서까지 초인종에는 '아이가 자고 있어요.'라는 메모가 붙어 있을 정도였다. 병원에 주사를 맞으러 가기 전에 충분히 서로 합의가 되지 않으면 가서도 안 맞고 그냥 오는 날이 많았다. 하지만 본인이 충분히 준비되면 그렇게 싫어하는 주사도 아무 문제 없이 맞았다. 아이는 충분히 생각하고 준비하고 행동에 옮기는 자기 주도적인 아이였던 것이다.

장점 찾기를 한 이후 나의 마음에는 아이에 대한 미안함과 고마움이 동시에 생겼다. 지금까지 키우면서 아이의 장점을 단점으로만 보고 있었던 나의 못난 모습이 미안했고, 그런데도 잘 자라 준 아이에게 고마웠다. 어렸을 때로 되돌아가 보면 그때 했던 행동들이 오은영 박사의 조언대로 자기 주도 성향이 강해서 나온 행동이라는 것이 퍼즐처럼 맞춰졌다. 스스로 할 수 있게 기다려 주고 선택을 할 수 있게 도와줬어야 했는데, 그때는 뭐가 그리 바빴는지 충분히 기다려 주지 못했다. 미리 아이의 장점들을 찾아봐 주었더라면 어렸을 때 아이와 좀 더 평화로운 시간을 보내지 않았을까 싶었다.

아이를 바라보는 방향을 바꾸면 아이가 달리 보인다. 단점을 보면 단점만 보이지만 보는 방향을 바꿔 장점을 보려 하면 아이의 장점을 발견하는 것은 그리 어려운 일이 아닐 것이다.

장점은 곧 아이의 숨은 잠재력과 연결된다. 그 잠재력을 발휘할 수 있도록 부모는 문제점을 지적하기보다 장점을 말해 주면서 꾸준히 격려해 주는 것이 바람직하다. 고집 센 아이에게 무언가를 강요하는 것이 아니라 아이가 스스로 결정할 수 있게 기다려 주는 것은 아이의 자신감을 높이는데 효과적일 것이다. 어떤 결과가 나오더라도 아이는 스스로 결정한 것에 대한 자신감뿐만 아니라 할 수 있다는 긍정의 힘을 얻게 될 것이다. 이러한 긍정적 사고의 힘은 앞으로 아이가 성장해 나가는 데 있어 좋은 자양분이 될 것이 틀림없다.

아이의 50가지 장점

1. 섬세하다 / 2. 마음이 착하다 / 3. 창의력이 뛰어나다 / 4. 관찰력이 좋다
5. 미적 감각이 있다 / 6. 말을 재미있게 한다 / 7. 유머 감각이 있다
8. 그림을 잘 그린다 / 9. 음악적 감각이 있다 / 10. 생각이 깊다
11. 배려심이 강하다 / 12. 집중력이 강하다 / 13. 개성이 강하다
14. 잘생겼다 / 15. 감성이 풍부하다 / 16. 책임감이 강하다 / 17. 얼굴이 작다
18. 다리가 길어서 멋스럽다 / 19. 팔다리가 길다 / 20. 운동을 잘한다
21. 성실하다 / 22. 리더쉽이 있다 / 23. 만들기를 잘한다 / 24. 눈웃음이 멋지다
25. 신앙심이 깊다 / 26. 예의바르다 / 27. 조급해하지 않는다
28. 절약정신이 있다 / 29. 상냥하다 / 30. 작은 것에 감사할 줄 안다
31. 매력적이다 / 32. 부드럽다 / 33. 활동적이다 / 34. 정적이다
35. 원칙적이다 / 36. 자유롭다 / 37. 해외 축구에 대한 지식이 풍부하다
38. 몰입한다 / 39. 심지가 굳다 / 40. 꾸준하다 / 41. 독특하다
42. 위로를 잘해준다 / 43. 겸손하다 / 44. 따뜻하다 / 45. 숫자에 강하다
46. 참을성이 있다 / 47. 상상력이 풍부하다 / 48. 손재주가 있다
49. 깊이가 있다 / 50. 무궁무진한 가능성이 있다

아이와의 거리 두기 연습

사춘기는 아이가 부모로부터 독립하는 시기이기도 하다. 정확히 말하면 정신적으로, 육체적으로 독립을 준비하는 시간이다. 이 시기에 아이의 예상도 할 수 없는 돌발 행동 때문에 부모는 화도 나고, 난감하기도 하고, 불안하기도 하다. 어떻게 대응해야 할지 모를 때도 많다. 사춘기 아이를 대하는 정확한 지침서라도 있으면 답답하지 않으련만, 여러 조언이 때로는 내 아이에게는 적절하지 않을 때가 있다.

사춘기 아이는 자기가 어른인 듯 행동한다. 부모도 덩치가 큰 아이를 보면 어른처럼 대하거나 어른처럼 행동하기를 바란다. 하지만 사춘기 아이는 제대로 된 사고를 할 수 있는 나이가 아니다. 아직

전두엽이 성장하는 단계이기 때문이다. 몸만 어른처럼 크다고 해서 생각과 행동이 어른처럼 이성적일 수가 없다는 것을 잊지 말아야 한다. 아이들이 어른처럼 행동하고, 스스로가 다 컸다고 생각하기 때문에 부모의 말이 잔소리로밖에 안 들리는 것이다.

생각의 온도차를 줄이자

문득문득 엄마 아빠보다 큰 아이를 보면 '언제 이렇게 컸을까? 이젠 다 컸네' 싶을 때가 많다. 꼬물꼬물 기어 다닐 때가 엊그제 같은데 이제는 컸다고 대들기도 하고 성질도 부린다. 부모는 이렇게 성장한 아이를 보면서 어른처럼 자기 일(학생이니까 주로 공부 관련)에 책임감을 갖고 잘하리라 믿다가도 때때로 어린아이 대하듯 시시콜콜한 것까지 간섭하고 챙기려 한다.

간섭하려는 부모와 어떻게든 독립하고자 하는 아이 사이에는 확실한 온도의 차이가 있다. 일단은 그 온도 차부터 줄여야 한다. 사춘기 아이를 어린아이 대하듯 하나에서 열까지 챙겨주고 대신해 주려 하면 아이와는 부딪힐 수밖에 없다. 몇 가지의 제안은 할 수 있지만, 최종적인 결정은 스스로 할 수 있도록 기다려줘야 한다. 비록 부모의 기준에는 성이 차지 않고 부족한 점이 여기저기 보여도 그냥 두어야 한다. 설령 스스로 결정해서 원하는 결과가 나오지 않더라도 아이는 자신의 결정에 따른 결과를 인정할 수밖에 없다. 때로는 실패를 맛볼 때도 있지만 자신이 결정했기 때문에 누구를 탓할수도 없다. 만약 조금이라도 부모가 간섭해서 본인 의지와는 다른 결정을 했을 때는, 결과와 상관없이 아이는 무조건 부모의 탓을 하고 싶어진다. 본인이 원하는 것이 아니었기 때문에 누군가에게 그 책임을 넘기고 싶어 한다.

많은 부모가 아이의 학원과 입시 정보를 꿰고 있다. 요즘은 그렇게 안 하는 부모가 이상한 부모가 될 정도로 많은 부모가 아이의 입시 매니저 역할을 하고 있다. 모든 것을 부모가 알아서 해 준다면 아이는 스스로 할 수 있는 일의 폭이 점점 더 좁아진다. 그렇다고 나 몰라라 하고 모든 걸 아이에게 알아서 하라는 말은 아니다. 적어도 아이도 함께 고민하고 정보도 같이 찾아가면서 자신의 진로에 대해 충분히 고민해 봐야 한다는 것이다. 얼마나 많은 것들을 엄마가 해 줬으면 군대 간 아들 상사한테까지 전화한다는 말이 나오겠는가.

오랜 시간 아이는 공부만 하고 엄마가 모든 결정을 하게 되면 커서 대학에 들어가도 아이 스스로 어떤 결정도 하기 힘든 상황이 벌어진다. 스스로 결정해 본 적이 없고, 실패할까 봐 두려워 어떤 결정도 쉽게 할 수 없기 때문이다. 중고등학교에 다니면서 엄마가 결정하는 대로 순순히 따르기만 하다가 대학생 때 사춘기보다 더 센 '대춘기'를 겪는 때도 있다. 이런 상황에서 실패와 직면하게 되면 본인의 의지대로 한 적이 없고 부모 말만 들어서 이렇게 되었다고 모든 원망을 부모에게 돌린다. 아이의 자율성과 결정권을 인정해줘야 한다. 어렸을 때 부모 그늘에 있을 때 넘어져도 보고 고꾸라져도 봐야 한다. 부모는 그런 아이를 격려하고 지지하고 믿어주면서 아이가 단단하게 성장할 수 있도록 뒷받침해 주는 것이 사춘기 부모의 역할이 아닐까 싶다.

아이와 거리 두기

사춘기 아이가 가장 잘하는 것이 문 꽝 닫고 방에 들어가서 안 나오는 것이다. 방에서 무엇을 하는지 혼자 방에 있는 것을 좋아한다. 자기만의 공간을 좋아한다. 아이의 첫 번째 사춘기였을 때 아무것도 모르는 초보 엄마인 나는 아이가 방에 들어가면 따라 들어갔다. 무엇 때문에 그러는지 물어보고 달래보고 함께 해 주고 싶었다. 그때는 그렇게 해야만 하는 줄 알았다. 혼자 방에 두면 식구 누구도 자신한테 관심도 안 보인다고 오해할 것 같았다. 아이 관점에서 생각하면 얼마나 짜증이 나고 숨 막혔을까 싶다.

아이도 사람인데 말하기 싫을 때도 있고 혼자 있고 싶을 때도 있을 텐데, 왜 그때는 그런 것들을 편하게 받아주지 못했는지 모르겠다. 아마도 사춘기에 대한 지식이 없기도 했고 내 아이는 심하게 사춘기 앓이를 하지 않을 것이라 생각했던 것 같다.

아이가 방에 들어가 있을 때 그 시간과 공간을 존중해 주자. 특히 화가 나 있을 때는 서로의 공간이 절대적으로 필요하다. 화가 나서 문을 박차고 들어간 아이 뒤통수에 대고 '너 어른 앞에서 버르장머리 없이 이게 뭐 하는 행동이야? 어서 나와서 잘못했다고 못해?' 라고 소리쳐도 아이는 오히려 더 격하게 행동할 뿐 상황이 절대 나아지지는 않을 것이다. 좀 고분고분한 아이는 나와서 마음에도 없는 형식적인 사과를 하고 다시 방에 들어가지만, 마음속에서는 더 많은 화가 치솟을 것이다.

그럴 때는 서로 거리를 두는 것이 좋다. 부모는 부모의 공간에서, 아이는 아이의 공간에서 자신을 살필 수 있는 시간과 공간이 필요하다. 여러 시행착오를 겪은 후 비로소 서로의 공간을 존중해 줄 수 있었다. 서로의 공간을 존중하기 위해서는 그 전에 합의한 약속이 한 가지 있었다. 아무리 화가 나서 방문을 닫고 들어가도 절대로 방문을 잠그는 일은 하지 않기로 미리 약속했다. 특정 행동에 대한 안전을 확보하기 위해 사전에 합의할 약속은 아이가 평온할 때 미리 얘기하는 것이 중요하다.

화가 나서 자기 방으로 들어가는 아이의 모습을 보면 아직도 마음이 불편할 때가 있다. 불편은 하지만 아이만의 시간을 존중하고 그 필요성을 알기 때문에 예전처럼 불안해하며 쫓아 들어가 왜 그러는지 물어보지 않는다. 한참 후 방문을 열고 나오는 아이에게 평소와 다름없이 편하게 대해 줄 수 있는 여유도 생겼다.

아이는 방에 있으면서도 계속 성장하고 있다. 나름의 힘듦을 지혜롭게 이겨내는 중이다. 아이가 방에서 무엇을 하든 신경 쓰지 않고 무시하라는 의미는 아니다. 엄마 아빠가 든든한 버팀목이라는 것 그리고 아이를 끝까지 믿는다는 것을 느끼게 해 주면 된다. 서로의 공간을 충분히 인정해 주고 존중함으로써 아이가 부모의 마음을 느낄 수 있게 해 주는 것이 중요하다.

믿는 도끼에 발등이 찍혀도 믿자

사춘기 시기에 가장 힘들어하는 사람은 아이 본인이다. 아무리 부모가 힘들다 해도 사춘기와 직접 고군분투하고 있는 아이보다 더 힘들 수는 없다. 하지만 많은 부모가 이 부분을 모르고 있거나 묵인하고 있다. 아이들도 공부를 잘하고 싶어 한다. 엄마 아빠로부터 인정받고 또 자랑스러운 아들·딸이 되고 싶어 한다. 이런 마음은 있는데 행동이 따라 주지 않을 뿐이다. 아이의 행동만 보는 부모는 '공부 좀 해라.', '왜 매번 그러니?', '너 때문에 미치겠다.', '왜 이리 힘들게 하는데', '어쩌면 이렇게 마음에 드는 구석이 하나도 없니.', '너 핸드폰 계속하면 핸드폰 압수야!' 등 비난, 경멸, 협박, 무시하는 말로 아이를 공격하고 있다.

아이가 부모의 마음에 완벽하게 들 필요는 없다. 많은 부모가 아이가 핸드폰만 잡고 있어서, 게임을 많이 해서, 학원 숙제를 제대로 하지 않아서 마음에 안 든다고 하소연한다. 사실 부모도 어렸을 때는 그 부모님들이 원하는 대로 행동하지 않았을 것이다. 어느 부모나 자식에 대한 기대치는 높고 나보다 더 잘 살기를 원한다. 그 기대치에 못 미치면 속상해하고 혹여 경쟁 사회에서 살아남기 힘들까 봐 걱정한다. 다 자식이 잘됐으면 하는 바람 때문이다.

아이를 하나의 인격체로 인정하자

아이는 내가 배 아파 낳았지만, 나의 분신이 될 수는 없다. 어려서는 내가 보살펴줘야 할 연약한 존재이지만 성장하면서는 아이만의 색깔대로 자랄 수 있게 옆에서 지켜봐 줘야 한다. 아이를 내 틀에 맞게 키우려고 하면 언젠가는 큰 충돌이 생길 수밖에 없다.

아이의 있는 그대로를 봐줘야 한다. 아이를 하나의 인격체로 인정해줘야 한다. 아이가 사춘기로 힘겨워하는 시간을 보면서 가장 힘들었던 것은 생각의 틀을 깨는 것이었다. 양육에 있어서 모든 부모는 자신만의 틀 또는 기준을 가지고 있다. 책을 통해서 습득하는 때도 있지만, 그 틀은 어렸을 때 성장하면서 부모로부터 영향을 받아 만들어지고 또 사회생활을 하면서 자신만의 색으로 덧입히게 된다.

아이가 어렸을 때는 그 틀 안에서 아이를 양육하고 컨트롤 할 수 있지만, 사춘기에 접어들면 그 틀을 벗어나는 경우가 많아지고 서로의 갈등이 생기기 시작한다. 아이의 낯선 행동들이 나의 틀 밖의 일이기 때문이다. 아이의 사춘기를 보면서 나 스스로 자꾸 아이를 내 틀에 가두려 했다. 지극히 모범생으로 살았던 나로서는 학교에 안 가는 아이가 이해가 안 갔고 무기력하게 있는 모습을 보면 답답하기만 했다.

아이가 학교에 안 가면 무슨 큰일이라도 날 것 같았다. 그냥 누워만 있는 아이를 보면 몹시 절망스러웠다. 나에게 학교는 무슨 일이 있어도 가야 하는 곳이었다. 아파도 학교 가서 아파야 했다. 그때는 그랬다. 하지만 부모 상담을 받으면서 나만의 틀을 보게 됐고 그 틀을 넘어서는 것도 그렇게 위험한 일은 아니라는 믿음이 생겼다. 무조건 자신만의 틀에 아이를 끼워 맞추려는 식의 양육은 서로에서 독이 될 수밖에 없다. 아이를 하나의 독립된 인격체로 인정해 주는 것이 필요하다.

믿으면 걱정도 없어진다

아이가 학교를 거부하고 방에만 있을 때 '저러다 진짜 인생 낙오자가 되는 건 아닐까?', '안 좋은 생각을 하면 어쩌지?'라는 불안감으로 힘든 시간을 보내야 했다. 코로나와 함께 다시 돌아온 사춘기로 인해 낯선 고등학교 생활은 적응하기 쉽지 않았고, 고등학교 1학년부터 시작된 기나긴 싸움은 좀처럼 끝날 기미가 보이지 않았다.

내가 할 수 있었던 일은 기다림이었다. 하지만 편하게 기다리는 것이 아닌 걱정과 염려 속에서의 기다림이었다. 하루는 아이가 아파서 학교를 며칠 못 갔고 이에 대한 병원 진단서를 받으러 가야 했다. 항상 듣던 찬양을 들으며 걸어가는 길은 끝이 보이지 않는 어둡고 긴 터널을 통과하는 느낌이었다. 한참을 울면서 걷는데 찬양의 가사가 나의 마음을 뒤흔들어 놓았다. 그 찬양 속에서 답을 얻었다.

내가 지금까지 기다리면서 힘들어만 했지 막상 아이를 믿어주지 못했다는 것이다. 아이의 행동만을 봤을 때 아이가 무엇이든 할 수 있다는 것을 믿기 힘들었다. 제대로 안 하는 아이의 모습만 보았을 뿐, 이 아이의 무한한 가능성에 대해서는 믿지 못했던 것이다. 그뿐만 아니라 도와달라고 울면서 기도했지만, 막상 도와주실 것에 대한 믿음 또한 없었다. 오랜 기다림 속에 내 마음에 피어난 것은 아이에 대한 믿음이었고 기도 응답에 대한 확신이었다. 아이를 지켜 주시고 인도해 주실 분은 오직 한 분이라는 강한 믿음이 생긴 것이다. 닦아도 닦아도 마르지 않을 정도로 흘러내렸던 눈물은 절망의 눈물이 아닌 감사의 눈물이었다.

비록 지금 힘들고 방황하고 있지만, 이 아이는 무엇이든 할 수 있다는 믿음이 나를 변화하게 했다. 내가 애써 그렇게 만드는 것이 아니라 아이의 주인이신 분이 인도하신다는 강한 믿음이 생기니 아이를 바라보는 나의 시선 또한 편안해졌다.

학교를 거부하고 모든 것에 등진 아이의 모습을 보는 것이 전쟁터에서 피 흘리며 싸우는 것보다 더 힘들게 느껴졌지만, 믿음이 생기면서부터 놀랍게도 모든 것이 천천히 변해갔다. 나의 틀 밖으로 나가도 위험하지 않고 새로운 세상이 열릴 것이라는 믿음이 생기니 걱정하는 마음, 불안한 마음, 염려하는 마음이 잠잠해졌다.

무엇이든 할 수 있다는 믿음을 가져라

많은 부모가 내 아이는 무엇이든 할 수 있다고 믿고 싶어 한다. 진심으로 믿는 부모도 있겠지만 아이가 부모의 기대치에 못 미치면 그 믿음이 곧바로 흔들리기 쉽다. 과연 이렇게 해서 대학은 들어갈 수 있을지, 군대 가서는 제대로 할지, 취직은 할 수 있을지 등등 걱정이 믿음을 집어삼켜 버린다.

기대한다는 것은 지극히 자기중심적인 잣대가 들어갈 수밖에 없다. 그 기대치가 무너지면 상대방에게 실망하게 되고 때로는 화도 내게 된다. 인간의 습성이라는 것이 절대로 기대하지 말아야지 하면서도 나도 모르게 기대하게 된다. 기대할 때마다 그것이 충족되지 않으면 항상 배신감, 좌절, 상심과 같은 힘듦이 동반되는데도 말이다.

아이에게 어떤 기대를 하기보다는 무한한 가능성을 가진 아이의 모습을 떠올리며 기대를 믿음으로 바꿔보는 연습을 해야 한다. 무조건 무엇이든 할 수 있다는 믿음을 가져야 한다. 아이가 원해서 한다면 아이는 무엇이든 할 수 있고 무엇이든 될 수 있다. 부모의 기대치에는 그 무엇인가가 하찮아 보일 수 있지만, 믿고 지지해 준다면 아이는 그 믿음으로 힘을 얻을 것이다.

부모는 기다려 주고 아이가 어떤 길을 가든지 길을 잃지 않도록 그 앞을 비춰주는 든든한 등대 같은 존재여야 하지 않을까 싶다. 아이의 있는 그대로의 모습을 응원한다면 엄마의 마음도 편안해지고 아이도 엄마의 편안함을 느낄 수 있을 것이다.

Part 4

사춘기 엄마를 위한
실천형 감정코칭법

아~! 그렇구나

긴 어둠의 터널 속을 지날 때면 끝이 보이지 않기 때문에 더욱더 불안해지기도 한다. 지난 몇 년이 그러했다. 언제 끝날지 모르는 사춘기와의 싸움이 끝도 없이 연결된 긴 터널을 통과하는 것처럼 암담하고 두려웠다. 아이의 방황이 언젠가는 끝날 것이라는 희망으로 하루하루를 버텨나가는 것이 쉬운 일은 아니었다. 언제 끝날지 모르는 상황에서 기다리고 인내하는 것은 고통스러운 일이었다.

아이의 감정 알아차리기

조금 괜찮아졌나 싶다가도 언제 어떤 이유에서인지 급격하게 기분이 나빠졌다. 방문과 함께 대화의 문도 닫아버리기 일쑤였다. 소통의 창구가 닫히면 아이가 왜 그러는지, 무엇 때문에 화가 난 건지 도무지 알 방법이 없었다. 이런 상황에서는 엄마들의 첫 번째 행동은 아이의 방에 들어가 무엇 때문인지 묻는 것이다. 나도 그랬었다.

처음엔 좋은 말로 물었다.

"무엇 때문에 그래?"

어떤 답도 들을 수가 없었다. 나를 유령 취급하는 아이의 행동에 섭섭하기도 하고 화도 났다.

"대체 뭐 때문에 기분이 갑자기 나빠져서 그러는 건지 말해 줄 수 있어?"

그 말을 들은 아이는 다시금 대화의 문을 굳게 잠가 버렸다. 누구 하나가 물러서지 않으면 이 감정싸움의 끝은 쉽게 마무리되지 않았다. 이런 아이의 행동을 보면 철저히 무시당하고 있다는 느낌이 들기도 했다. 아이의 잘못된 행동을 바로 고쳐주는 것이 엄마의 역할이라고 믿었다.

아이가 말하고 싶지 않을 때 대화를 강요하는 것은 서로에게 힘든 상황만 만들어 가는 것이다. 이럴 때 잊지 말아야 할 것이 아이를 존중해 주고 아이만의 공간이 필요한 것을 인정해줘야 한다. 그 공간에는 화난 이유, 화난 아이 자신의 모습, 격해진 감정, 엉켜버린 생각이 어지럽게 공존하고 있다. 여러 감정과 생각을 보고 느끼고 정리할 수 있는 아이만의 시간이 반드시 필요한 것이다.

아이의 공간에 자꾸 엄마가 비집고 들어가려 하면 더욱더 거부 반응만 커진다. 사춘기 아이일수록 아이의 공간을 존중해 주자. 존중해 주는 방법은 의외로 간단하다. 아이의 감정을 알아차려 주면 된다. 나를 포함한 많은 엄마가 빨리 상황을 해결하려고만 한다. 아이가 왜 화가 나서 갑자기 자기 방에 들어갔는지 그 행동에 대한 답을 찾기 급급하다. 문제해결보다 먼저 해야 할 일이 아이가 지금 어떤 감정을 가졌는지 파악하는 것이다.

이것이 감정코칭 1단계인 아이의 감정을 알아차리는 것이다.

문을 닫고 들어가는 아이의 행동만을 보면 없던 화도 날 때가 많지만, 그 아이가 지금 어떤 감정인지 알아차리려 노력한다면 자신의 감정을 쉽게 다스릴 수 있게 된다. 진화론의 아버지인 찰스 다윈이 발견한 보편적인 감정은 얼굴 표정에서 찾아볼 수 있는 기쁨, 슬픔, 놀람, 분노, 경멸, 혐오, 공포라고 했다. 얼굴만 봐도 이 사람이 슬픈지, 기쁜지, 무서워하는지, 화가 나 있는지 쉽게 알 수 있다는 것이다. 물론 기본적인 감정이 더욱 세분되어 매우 다양한 감정으로 표현될 수 있다. 하지만 우선 아이의 행동보다는 얼굴을 보고 감정을 알아차리려 노력해야 한다.

행동에만 초점을 두면 아이의 감정을 제대로 알아차릴 수가 없다. 부모가 행동에 집중하는 순간 화부터 나기 때문이다. 행동에 숨겨져 알아차리기 힘든 아이의 감정에 더 집중해야 한다.

기분을 물어본다

표정으로 감정을 읽는 연습은 꾸준히 해야 한다. 그만큼 관심을 두고 아이를 바라봐 주는 것은 중요하다. 하지만 표정만으로 정확한 감정을 다 알 수는 없다. 엄마의 개인적인 감정이 추가되어 때로는 정확한 해석이 힘들어질 때가 있기 때문이다. 더 확실히 아이의 감정을 알아차리기 위해서는 직접 물어봐야 한다.

"지금 기분이 어때?"

'지금 속상하니?', '화났구나?', '슬프니?' 식의 질문을 하는 때에는 답은 둘 중 하나다. '네.' 또는 '아니요.' 그 이상의 대화는 이어지기 힘들고 아이는 대화를 피하고자 또 마음의 문을 닫고 방에 들어가 버릴 것이다. 이미 상대방의 감정을 단정 지어 버리는 식으로 기분을 묻는 것은 큰 도움이 되지 않는다.

하지만 '지금 기분이 어때?'라고 물어보면 일단 아이들에게 생각할 수 있는 선택의 여지를 주는 것이다. 단순한 네, 아니요 식의 답을 할 수 없게 한다. '지금 기분이 어때?'라고 물어보면 대부분의 사춘기 아이들의 답은 '몰라요'다. 당연히 모를 수 있다. 여러 가지 감정이 섞여 있어서 모를 수 있고 진짜 자신의 기분이 어떤지 모를 수 있다. '몰라요'라고 대답하는 아이에게 '너의 기분을 네가 모르면 어떻게?', '너의 기분이 어떤지 네가 왜 몰라?' 식의 비난, 비판적 질문은 안 하는 것이 오히려 서로의 관계에 도움이 된다.

어른도 자신의 감정을 정확히 모를 때가 많은데 혼란스러운 시기를 겪고 있는 사춘기 아이들이 자신의 감정에 관해 잘 모르는 것이 어쩌면 당연한 일일 수도 있다. 그럴 때는 '그래, 잘 모르겠다는 거지. 모를 수도 있어.'라고 하면 된다. 그리고서 자신의 공간에서 숨 고르기를 할 수 있도록 기다려 주면 된다.

모든 순간이 기회이다

아이의 감정을 물어봐 주는 것도 때와 분위기를 보면서 해야 한다. 화가 잔뜩 나 있는 아이에게 계속해서 기분을 묻게 되면 역효과만 난다. 어린아이의 경우는 엄마가 여러 번 반복해서 물어봐도 귀엽게 답해 준다. 사춘기 아이들에게는 여러 번 반복적으로 질문하는 것은 활활 타오르고 있는 불길에 기름을 붓는 꼴이다. 관심이 아니라 간섭과 참견으로 생각하기 때문이다. 기다려 주는 시간은 아이에게는 생각할 수 있는 공간을 만들어 주는 것이다.

기분에 관해 물어봤다면 그 답이 어떤 답이든 인정해줘야 한다.

하루는 아이가 어떤 이유에서 화가 났는지 얼굴빛이 바뀌며 방으로 들어가 버렸다. 식구 누구와 말다툼을 한 것도 아니고 전혀 아무 일 없었는데 갑자기 차가운 남극 바람이 부는 듯 순식간에 살벌해졌다. 시간을 둔 후 아이에게 물었다.

"기분이 안 좋아 보이는데 무슨 일 있었니?"

답은 예상대로였다. 매번 그렇듯 "혼자 있고 싶어요. 제 방에서 나가 주세요." 대차게 쫓겨났다. 예전 같았으면 몇 번 더 물어봤겠지만, 아이의 있는 그대로의 마음을 인정해 주니 편안하게 "그래, 그럼 나중에 얘기해 줘."라고 말하며 여유로운 마음으로 방을 나올 수 있었다.

기다림의 시간을 즐기자

기분이 어떠냐고 물어봤을 때 어떻다고 대답만이라도 했다면 다음 대화가 자연스럽게 넘어갔을 것이고 감정코칭도 제대로 시작할 수 있었을 것이다. 비록 쫓겨나듯이 방을 나오긴 했지만, 아이를 기다려 주는 시간을 즐길 수 있는 단단함이 생겼다. 즐긴다는 말이 정확한 표현은 아닐 수 있지만 더는 아이와 신경전을 하지 않는다는 말이다. 편안하게 아이가 대화의 문을 열 때까지 기다려 줄 수 있는 마음의 여유가 생긴 것이다.

기다림에는 관심이 뒷받침되어야 한다. 그렇다고 해서 관심이 잔소리로 표현돼서는 안 된다. 아이가 느낄 수 있는 것이 관심이다.

비록 아이가 이유 없이 방에 들어가 대화를 단절했다 해도 아이에게 끝없는 관심을 느낄 수 있게 해야 한다. 실제로 그랬다. 관심을 보이면 관심을 보이지 말라 하고 안 보이면 더 큰소리로 짜증을 내고 격한 행동으로 주의를 끌었다. 답을 하든 안 하든 일단 적당한 시기에 아이의 기분이 어떤지 물어봐 주자. 물어보는 것만으로도 아이는 누군가 자신에게 관심을 보인다는 것을 느낄 수 있다.

아이의 감정을 물어봐 주고 답을 하는 것은 아이의 몫이다. 답을 강요할 수는 없지만 편하게 말할 수 있을 때까지 기다려 주면 된다. 기다리는 시간은 다시 대화를 할 수 있는 기회를 만들어 주는 씨앗이다. 그 기다림을 기쁜 마음으로 받아들이고 그 순간을 아이와 소통할 좋은 기회로 삼아야 한다. 아이의 공간을 더 인정해 준다면 아이 또한 자신이 인정받고 존중받는다고 느끼게 될 것이다.

감정코칭의 2단계는 이러한 감정적 순간을 좋은 기회로 삼는 것이다.

지금이 기회다

어느 부모도 자식과 신경전을 벌이고 싶어 하지는 않는다. 아이가 어렸을 때는 짜증을 내고 화를 내고 울고불고 난리를 쳐도 어느 정도의 통제가 가능하다. 사춘기에 접어들면 부모의 뜻대로 아이를 대하기 힘들어진다. 표현도 격해질 뿐만 아니라 무슨 말을 해도 모두 잔소리로 받아들인다. 때로는 서로 피할 수 있다면 피하고 싶을 때도 있다. 이 모든 상황이 자신의 감정을 제대로 표현하지 못해서이다. 아이는 아이대로 엄마는 엄마대로 각자의 감정을 알지 못해서 잘못 판단하고 평가하는 것이다.

아이가 화가 나서, 짜증이 나서, 이유 없이 방에 들어가 대화의 문을 닫아 버릴 때 먼저 아이의 감정을 알아차리려 노력했다. 처음에는 쉽지 않았다. 피하고 싶었고 누군가 문제만을 해결해 줬으면 했다. 천천히 아이의 감정을 알아차리려 노력하니 피하고 싶은 순간들이 아이와 감정을 소통할 기회로 여겨졌다.

아이가 감정의 소용돌이에 빠져 있다면 지금이 기회다. 아이의 감정을 알아차려 줄 기회 말이다. "너 또 왜 이래?"가 아닌 "지금 네가 많이 힘들구나." 아이를 있는 그대로 인정해 줄 기회이다. 기다림의 시간이 필요하지만, 아이의 감정을 조금씩 봐주면 아이의 마음은 열리기 시작한다. 성질을 내고 나가라고 했던 아이가 스스로 방문을 열고 나오면 그저 환하게 평소처럼 아이를 맞이해 주면 된다. 그때가 비로소 아이와 대화할 수 있는 시간이고 아이의 감정과 제대로 만날 수 있는 시간의 시작이다.

감정에도 이름표가 있다

얼마나 자기감정에 솔직하면서 살고 있는가? 어른도 자신의 감정을 정확하게 모를 때가 많고, 알면서도 제대로 표현 못 하고 지낼 때가 많다. 사회생활을 하면서부터는 참아야 하고 척해야 할 때가 많아지기 때문이다. 그만큼 감정에 솔직하기가 점점 더 힘든 사회에 살고 있다.

자신의 감정을 잘 알아차리기 위해서는 어려서부터 스스로 감정을 좀 더 명확하게 볼 수 있도록 도와주는 작업이 필요하다. 감정을 좀 더 명확하게 알게 되면 대처할 방법도 찾아낼 수 있다.

감정코칭의 3단계는 아이의 감정에 이름을 붙이는 것이다.

감정코칭의 1, 2단계를 통해 아이들의 감정을 포착하고 알아차리기를 했다면, 3단계부터는 아이가 자신의 감정을 표현할 수 있도록 도와주는 중요한 단계이다. 아이가 자신의 감정을 잘 표현할 수 있도록 돕기 위해서는 감정을 명료화하는 것이 중요하다. 명료화하기 가장 좋은 방법이 감정에 이름을 붙이는 것이다. 하지만 감정에 이름을 붙이라는 말이 무엇일까? 감정이 감정이지 또 무슨 이름을 붙여야 할까?

감정 표현하기

먼저 감정을 표현하고 싶어도 표현하는 방법을 모르는 경우가 많다. 특히 어린아이나 청소년들이 자신의 감정을 표현하는 것은 더 힘든 일이다. 가장 흔히 감정을 표현하는 말이 '좋아/싫어!', '짜증 나!', '몰라!', '열 받아!', '대박' 등이다. 정확한 자기감정보다는 좋고 싫음만을 표현한다.

한국말에는 다양한 감정을 표현할 수 있는 아름답고 매력적인 단어들이 많다. 다만 실생활에서는 많이 쓰지 않기 때문에 그런 말 하는 것 자체가 생소하고 부자연스러울 뿐이다. 아이와의 많은 대화를 통해서 아이가 자신의 감정을 다양하게 표현할 수 있도록 연습하기 위해서는 엄마 먼저 다양한 감정 표현 언어를 사용해야 한다. 가끔 어린아이가 엄마의 말을 따라 하는 것을 볼 수 있다. 아이가 어리다면 커가면서 엄마가 말하는 여러 가지 감정 표현법에 자연스럽게 배우고 표현할 수 있게 될 것이다.

사춘기 아이와는 대화 자체가 쉽지 않기 때문에 다양한 감정 표현을 할 수 있도록 하는 데 다소 어려움이 있다. 하지만 엄마의 표현이 달라지면 아이도 어린아이와 똑같이 익숙해질 것이고 자기도 모르게 배워갈 것이다. 대화하면서는 독이 되는 말보다는 다가가는 대화로 서로의 감정을 충분히 인정하고 공감해 줘야 한다는 것을 잊지 말아야 한다.

다양한 감정 표현들

감동적이다/감미롭다/감사하다/개운하다/경쾌하다/고맙다/고요하다/그립다/기대된다/기분 좋다/느긋하다/당당하다/두근거린다/든든하다/들뜬다/만족스럽다/뭉클하다/반갑다/벅차다/뿌듯하다/산뜻하다/살맛난다/상쾌하다/신난다/안심된다/여유롭다/열망한다/애틋하다/유쾌하다/정겹다/재미있다/즐겁다/따뜻하다/차분하다/친근하다/편안하다/평화롭다/포근하다/활발하다/홀가분하다/흐뭇하다/흥미롭다/흥분된다/황홀하다/흡족하다/가슴 아프다/공포스럽다/근심스럽다/걱정스럽다/

괴롭다/끔찍하다/난감하다/두렵다/무섭다/밉다/부끄럽다/분노한다/불만스럽다/불쾌하다/불쌍하다/비참하다/서운하다/소름 끼친다/속상하다/숨 막힌다/신경질 난다/실망스럽다/싫다/야속하다/얄밉다/억울하다/우울하다/울화가 치민다/원망스럽다/지루하다/지겹다/짜증 난다/처참하다/초조하다/침울하다/화난다/힘들다/행복하다

아이의 감정을 명확하게 인지할 수 있게 도와주면, 아이가 스스로 감정을 표현하는 데 두려움이나 어려움이 적어지게 된다. 서툴지만 자신의 감정을 표현할 수 있도록 격려하고 기다려 주고 꾸준히 같이 연습해야 한다. 아이의 감정을 명료화하기 이전에 아이의 말에 귀 기울여보자. 충분히 들어주지 않은 상태에서 아이의 감정을 단정 지어 버리면 대화의 문이 닫힐 수 있고 더 깊은 대화를 할 수 있는 기회를 놓칠 수 있다.

감정이라는 문에 손잡이를 달아주자

가트맨 박사는 감정에 이름을 붙여주고 명확하게 하는 것이 '감정이라는 문에 손잡이를 다는 것'으로 비유했다. 문의 손잡이 역할이 들어가고 나오기 쉽게 하는 것처럼 감정에 손잡이를 달면 감정의 문을 여닫기가 편해지게 된다.

청소년의 감정 중 가장 흔한 것이 '화'이다. 같은 화남이지만 자신한테 화가 났을 수도 있고 타인 때문에 화가 났을 수도 있다. 겉으로는 화나 보이지만 그 내면의 감정은 다양할 수 있다. 그래서 감정에 이름을 붙여주는 것으로 스스로 감정을 조금 명확하게 볼 수 있게 도와줘야 한다.

하루는 아들 방이 마치 태풍이 휘몰아치고 간 것처럼 발 디딜 틈 없이 난장판이 돼 있었다. 성난 황소처럼 씩씩거리고 있는 모습을 보니 바로 말을 걸 수조차 없었다.

시간이 조금 지나서 차분한 목소리로 아이에게 물었다.

"오늘 무슨 안 좋은 일이 있었던 거 같은데 무슨 일이 있었는지 얘기해 줄 수 있겠니?"

한참을 아무 말도 안 하고 있던 아이가 퉁명스럽게 한마디 했다.

"학원은 죽어도 안 갈 거예요."

"학원에서 무슨 일이 있었니? 엄마한테 자세히 설명해 줄 수 있겠어?"

아들은 학원에 있었던 일들을 힘겹게 이야기해 줬다. 선생님이 숙제를 안 했다고 아이들 앞에서 여러 번 자신의 이름을 부르면서 대대적으로 창피를 주셨다고 한다.

"선생님께서 많은 학생 앞에서 숙제를 안 해왔다고 여러 번 창피를 주셨구나. 많이 힘들었겠네." 미러링을 통해서 다시 한번 아이의 상황과 감정을 알아차려 줬다.

"숙제 제대로 안 한 건 내 잘못은 맞는데 한두 번도 아니고 여러 번 뭐라 하시니깐 더 열 받고, 창피하고, 당장이라도 교실을 나오고 싶었어요. 다시는 그 선생님 만나고 싶지 않아요." 아들의 감정이 고스란히 전해졌다.

"엄마라도 그런 상황이라면 자책감도 들고, 창피하고, 화도 많이 났을 거 같아."라고 감정을 좀 더 명확하게 표현할 수 있도록 도와줬다.

이처럼 아이가 말한 상황을 미러링해 주고 충분히 공감해 주고 감정에 이름표를 달아주면 아이는 부모와의 대화를 통해 자신의 감정을 더 편하게 표현할 수 있게 된다. 다시 말해서 자기감정이 인정받았다는 생각이 들면 아이 감정의 문은 쉽게 열릴 수 있다는 것을 잊지 말아야 한다. 부모는 충분히 들어주고 아이가 스스로 더 많은 자기감정을 표현할 수 있도록 도와주면 된다. 아이의 감정을 명료화해 주면 아이는 상황을 좀 더 객관적으로 볼 수 있는 힘이 생기고 이성적으로 대처할 수 있게 된다. 바로 그때가 감정의 소용돌이에서 벗어나 자유로워지는 것이다.

듣는 연습이 먼저다

아이가 어렸을 때는 퇴근하고 돌아온 엄마가 반가워 현관으로 뛰어나와 안기고 하루 동안 있었던 일들을 이야기하느라 바빴다. 하지만 나에게는 퇴근 이후의 시간은 새로운 업무의 연장선이었다. 아이들 저녁 차리고, 설거지하고, 남아 있는 집안일을 마무리하는 것이 더 급했다. 당연히 아이가 하는 말을 제대로 들어주지 못했다. 아니 듣고는 있지만 "아 그랬어? 응. 응." 건성으로 듣고 대답하기 일쑤였다. 어떠한 마음의 여유도 찾아볼 수 없었다.

감정코칭의 4단계는 아이의 말을 경청하고 공감하는 것이다.

이 단계를 얼마큼 잘 진행하느냐에 따라 아이와의 진정한 감정

교류가 되었는지 알 수 있을 정도로 중요한 단계이다. 이 단계가 잘 진행되면 아이도 부모도 서로 통(通)하고 있다는 느낌을 받게 된다.

경청과 공감. 요즘 시대에 너무나 많이 쓰는 말 중의 하나다. 서점의 한 코너를 꽉 채울 정도로 이 두 단어를 주제로 다룬 책은 무궁무진하다. 어쩌면 4차 산업혁명 시대에 있어 AI(인공지능)가 근접할 수 없는 인간만이 가능한 영역이 아닐까 싶다. 하지만 세상에서 가장 어려운 것 중의 하나가 상대방의 말을 잘 듣고 그 말에 공감하는 일이다.

집안일이 먼저가 아니라 아이의 말이 먼저다

아이의 말을 잘 들어주고 싶어도 밀려있는 집안일을 보고만 있을 수는 없었다. 아이가 하는 말을 듣기는 했지만, 마음으로 받아주지는 못했다. 기계처럼 아이의 말을 분석하고 결과만을 제시해 주기 급급했다.

아이가 어렸을 때는 무슨 할 말이 그렇게 많은지 저마다 학교에서, 유치원에서 있었던 일을 서로 하느라 정신없었다. 친구 누가 뭘 했고, 누구랑 싸웠고, 선생님이 어떻게 하셨다 등 이야기가 끝이 나질 않을 정도였다. 그냥 듣기만 했다. 아이가 어떤 감정이 있었는지까지는 파악할 생각도 못 했고 해야 하는지도 몰랐다. 때로는 너무 상세히 구구절절이 설명해서 요점만 간단히 얘기하거나 조금 빨리 이야기가 마무리해 줬으면 하는 바람도 있었다.

아이의 말을 귀 기울여 듣는다고 해서 그것이 경청은 아니다. 말을 듣는 것뿐만 아니라 전달하려는 감정의 메시지도 잘 들어주어야 한다.

아이가 이야기할 때는 마음속에 있는 여러 가지 감정과 연결해서 말한다는 것을 뒤늦게 알았다. 친한 친구가 오늘 다른 친구랑만 놀았다는 이야기, 누가 지우개를 가져가서 다시 안 돌려줬다는 이야기, 선생님께 질문했는데 무시하셨다는 이야기 등등 아이가 하는 말에는 이야기가 있다. 그뿐만이 아니라 그 상황에서 아이가 어떻게 느꼈고 어떤 마음이었는지를 알 수 있는 좋은 기회이다.

집안일도 중요하다. 지금 당장 하지 않으면 나중에 어차피 내가 해야 할 몫이니 빨리해 버리고 싶은 마음이 많다는 것 또한 너무나 잘 알고 있다. 하지만 아이들이 커 가면서 부모의 대화가 점점 줄어 드는 것은 사춘기 때문일 수도 있지만 여러 번 말을 했을 때 제대로 안 들어줬기 때문일 수도 있다.

우리 엄마는 바쁘니까. 내가 말하는 것은 그렇게 중요한 게 아니니까. 말을 해도 건성으로 들어주니까 말할 필요가 없다고 생각하게 된다.

감정 공부를 하면서 한 가지 크게 달라진 점은 일단 아이가 이야기를 시작하면 하던 일을 일단 멈췄다. 아이들의 눈을 보고 이야기에 집중했다. 이야기가 길어질 때도 있지만, 엄마가 무슨 일을 하고 있었다는 것을 아이도 잘 알기 때문에 이야기가 많이 길어지지는 않았다. 하던 일을 잠시 멈추고 아이에게 충분히 집중할 수 있다. 간혹 하던 일을 멈출 수 없을 때도 있다. 예를 들어, 정신없이 저녁 준비를 하고 있을 때는 "지금 찌개도 끓고 있고 저녁 준비하느라 칼도 쓰고 있어서 이거 마무리하고 나서 다시 얘기해 줄 수 있겠니?"라고 아이에게 상황을 설명해 줬다. 그러고 나서 꼭 다시 아이에게 이야기를 계속할 수 있도록 다가가 물어봐 줬다.

사춘기 아이가 아니라도 아주 급한 일이 아니면 잠시 하던 일을 멈추고 아이의 눈을 보고 대화에 집중해 보자. 작지만 놀라운 변화가 시작될 것이다. 아이는 엄마가 자신의 말에 귀 기울이고 있다는 것을 마음속 깊이 알아차리게 된다. 나아가 자신이 인정받고 있다고 느끼게 되면서 열리지 않을 것 같던 마음의 문도 서서히 열리게 된다. 이런 작은 실천을 습관화하다 보면 아이 말에 쉽게 집중할 수 있고 마음의 소리 또한 자연스럽게 들을 수 있게 된다.

미러링으로 듣는 연습하기

아이가 아니더라도 남편, 직장 동료, 친척, 친구와 대화 할 때도 잘 들어주기 힘들 때가 많다. 상대방의 말을 듣는 것보다 자신의 이야기를 하는 것에 더 익숙하기 때문이다. 본인 얘기를 먼저 하고 싶어서 상대방의 말을 제대로 안 듣거나 상대방의 말을 잘라버리기도 한다. 이럴 때는 '거울식 반영법' 또는 영어로 '미러링(mirroring)'을 통해서 듣는 연습을 할 수 있다.

미러링은 아이의 감정을 정확하게 파악할 수 있을 뿐만 아니라 공감할 수 있는 좋은 방법이다. 하루는 아이가 친구에게 협박 비슷한 것을 받고 며칠째 혼자 끙끙 고민하다가 마침내 걱정이 있다고 얘기하기 시작했다.

"친구가 게임 아이디랑 비밀번호를 알려 달라고 해서 별생각 없이 알려줬어요. 근데 며칠 지나서 자기 말을 잘 듣지 않으면 내 아이디로 게임에 들어가서 내가 했던 게임을 다 망쳐 놓겠다고 겁을 줘요. 이런 관계가 너무 불편하고 진짜로 그 친구가 다 망쳐 놓을까 봐 걱정돼요." 아들이 떨리는 목소리로 얘기했다.

"친구한테 게임 아이디랑 비밀번호를 알려줬는데 너를 계속 협박하고 불편하게 하는구나. 또 그 친구가 진짜로 네가 지금까지 했던 게임을 다 망칠까 봐 걱정도 되고. 엄마가 맞게 이해했니?"라고 다시 물어봐 주었다.

미러링을 통해 아이가 처한 상황을 정확하게 파악하고 이해할 수 있을 뿐 아니라 아이가 하는 이야기에 더 집중할 수 있게 된다. 내용을 제대로 파악하지 못하면 미러링을 할 수가 없다. 지나친 단순 모방식의 되묻는 질문은 아이가 거부감을 느낄 수 있다. "왜 자꾸 내가 했던 말을 똑같이 해요." 라고 성질을 낼 수도 있다. 미러링의 핵심은 부모가 아이 얘기에 집중할 수 있게 하고 아이의 감정에 다가갈 수 있도록 조율하는 단계이다.

어설픈 미러링을 하게 되면 아이는 바로 짜증을 내고 대화의 고리를 끊어버린다. 그만큼 경청은 서로의 신뢰를 쌓아 가는데 주춧돌과 같은 역할을 한다. 부모가 아이의 말을 진지하게 집중해서 듣기만 해도 아이의 마음에서는 신뢰의 싹이 피어날 것이다.

아이의 이야기를 잘 들어주는 것만으로도 공감의 첫 단추를 낀 것과 같다. 하지만 경청은 하루아침에 이루어지는 것이 아니다. 아이를 포함해서 매번 누구와 대화 할 때는 의식적으로 듣는 연습을 해 보자. 꾸준히 듣는 연습을 하면 아이가 아무리 복잡한 감정 상태에 빠져도 당황하지 않고 침착하게 잘 들어 줄 수 있게 된다.

아이의 감정을 충분히 느껴보자

아이를 키우면서 가장 힘들었던 일이 등원 거부였다. 한번 유치원에 안 간다고 하는 날은 아무리 아이를 유치원 문 앞까지 데려다 줘도 안 들어가고 다시 집으로 돌아와야만 했다. 아이를 유치원 차에 태워 보내고 출근을 해야 했던 워킹맘으로서는 매일 아침이 전쟁터였다. 큰아이가 유치원에 안 가면 아이 둘을 보살펴야 하는 친정엄마에게 너무나 죄송한 마음이 들었다. 죄송한 마음은 아이에 대한 미움으로 번졌다. 도대체 왜, 무엇 때문에 자꾸 안 가려고 하는 것인지 도무지 알 수가 없었다. 이유도 모른 채, 안 간다고 고집만 피우는 아이를 이해할 수 없었다.

감정 공부를 하면서 내가 얼마나 미련한 엄마였는지 아니, 얼마나 부족한 엄마였는지 되돌아보게 되었다.

아이의 행동만 보았다

다시 한번 강조하지만, 아이의 말을 경청하고 공감해야 하는 것이 아이와 함께 행복해지는 가장 중요한 단계이다. 아이의 말에서 감정을 읽어줘야 하는데 나는 아이의 감정보다는 행동만을 보았다. 특히 아이가 어렸을 때는 더욱더 그러했다.

유치원에 안 가려 하는 아이의 모습만 보였다.
장난감을 사 달라고 떼쓰는 아이의 모습만 보였다.
병원에서 주사 맞기 싫다고 도망가는 아이의 모습만 보였다.

아이가 느끼는 감정보다는 아이가 왜 그러는지 그 행동에 대한 이유만 알고 싶었다. 사실 아이의 감정보다 빨리 문제의 해결책을 찾아 고치고, 바로잡고 싶었던 마음이 컸다.

그때 아이는 어떤 마음이었을까?
유치원에 가기가 겁났을까?
친구들과 사귀는 것이 힘들었을까?
선생님이 무서웠을까?
장난감을 못 사면 어떤 느낌이 들었을까?
주사 맞는 것이 얼마나 두려웠을까?

아이의 감정에 공감해 주지 못했기 때문에 서로의 고집으로 인해 많은 힘든 시간을 보냈어야 했다. 아이의 말에 경청하고 아이가 느끼는 것을 함께 느껴 주기만 해도 아이가 다가온다는 것을 많은 시간이 흐른 후에야 알 수 있었다.

아이의 행동만 보면 속이 터진다. 사춘기 시기가 되면 더더욱 그렇다. 이해할 수 없는 행동, 반항적인 말투, 폭력적인 성향 등 어릴 때 부리는 고집과 떼씀과는 비교할 수 없을 정도이다. 이로 인해 부모 또한 마음의 상처를 받을 수밖에 없다. 행동에만 집중하면 사춘기 아이와의 관계는 더욱 회복하기 힘든 상황에 놓인다.

아이의 행동이 아닌 감정에 집중해 보자. 아이의 행동에서 시선을 돌리는 연습을 시작하기만 해도 감정을 볼 수 있는 마음의 문이 열리게 된다.

감정을 공감해 주자

아이의 말은 감정을 알려 주는 가장 큰 힌트이다. 하지만 많은 부모가 아이가 하는 말에 담긴 아이의 마음보다는 해결책을 먼저 찾아주고 싶어 한다.

아이가 학원에 가기 싫다고 했다. 거의 매번 듣는 말이라 또 가기 싫은가 보다 생각했다. 핸드폰 볼 거 다 보고, 하고 싶은 것 다 하면서 학원 가기 싫다는 말이 딱히 귀에 들어오지도 않았다. 하지만 나중에 그 싫어하는 마음이 곪을 대로 곪아서 터져버리고 난 후에, 아이가 했던 말이 '나 지금 엄청 힘들어요.'라는 외침이라는 것을 알았다.

어느 날 새벽에 아이가 흐느껴 울고 있는 소리에 놀라서 잠에서 깼다. 한창 힘든 시기를 보내고 있는 다 큰 녀석이 울고 있으니 마음이 더 먹먹했다. 무엇 때문에 우느냐고 물어볼 수 없을 정도로 힘들어 보였다. 너무나 서글프게 울고 있어서 아무 말도 안 하고 한동안 꼭 안아 주었다. "아들, 지금 많이 힘들구나!" 천천히 말을 걸었다. 한참을 울고 나서 말을 아끼던 아이가 입을 열었다. "사람들은 나를 기다려 주지 않아요. 학원에서도 학교에서도 다들 더하라고만 해요. 하고 있는데 계속 더 하라고만 해요."라고 하면서 계속해서 흐느껴 울었다. 며칠 동안 말 한마디도 안 하고 있었던 아이가 이렇게라도 속마음을 표현하는 것이 너무나 감사했다.

고등학교 들어가기 전 겨울 방학 기간에 그동안 안 해 왔던 선행학습을 진행했다. 부족한 부분을 보충하려고 시작했지만, 너무나 속성으로 진행되는 수업과 갑작스럽게 많아진 공부량에 아이는 점점 몸과 마음이 지쳐갔고 선생님들의 말에 상처받고 있었다. 다른 아이들도 다 하는 공부라 생각했는데 이 아이한테는 그 속도와 방법이 맞지 않았던 것이었다. 학원에 다니면서 선생님으로부터 받은 무시와 비난이 이 아이의 마음에 심한 상처로 남았다는 것을 알았을 때는 내 마음에도 같은 상처가 고스란히 새겨지는 듯했다.

"그동안 혼자 참고 또 참고 얼마나 많이 힘들었니. 얘기하기 힘들었을 텐데 엄마한테 얘기해 줘서 고마워."라고 말하고 한참을 꼭 안아 주었다. 진심으로 아이를 마음으로 안아 주고 위로해 줬다.

열린 질문을 하면서 아이와 좀 더 깊이 대화를 시도해 보았다.

'상황에 대해 더 말해 줄 수 있어?'

'그럴 때는 어떤 기분이 들었어?'

'어떻게 하고 싶어?'

천천히 아이의 마음을 노크했다.

시간이 얼마나 흘렀는지 알 수 없었다. 그저 아이의 말에만 집중하고 충분한 시간을 두고 대화하면서 아이의 여러 가지 감정들과 마주했다.

서러움, 미움, 외로움, 죄책감, 우울감, 억울함, 미안함, 무서움, 분노, 좌절감…

대화를 통해서 묵혀있었던 감정들을 꺼내 놓고 나니 아이의 표정은 훨씬 부드러워 보였다. 한참을 얘기하고 나서야 아이는 눈물을 그쳤고, 며칠 동안 불면증으로 힘들어했던 아이는 편하게 잠자리에 들 수 있었다. 아이의 말에 진심으로 공감해 주고 아이의 감정을 내가 온전히 느껴보니 아주 깊은 곳에서 편안함이 느껴졌다. 아이의 상처 난 마음을 내가 꼭 안아주어 하나가 되는 느낌이었다. 그 시간이 너무나 따뜻했고 소중했고 감사했다.

아이의 감정을 봐주기 위해서는 우주 공간에 나와 아이만 있다고 상상해 보자. 매 순간 아이의 말에 귀 기울이게 되고 이야기 속에 아이와 함께 공존하게 된다. 오로지 아이에게 집중하다 보면 아이가 공감받고 있다고 믿게 되는 순간이 온다. 그때 아이의 마음 문은 살며시 열리게 된다. 서로 충분한 시간을 함께하면서 천천히 감정을 하나씩 알아갈 수 있게 된다.

모든 대화가 다 잘 이루어지는 것은 아니다. 어떤 이유에서든 대화가 더 이어지지 않을 수 있다. 그럴 때는 '지금은 더 이야기하기 힘든가 보구나!'라고 인지하고 인정하면 된다. 어떤 이유에서든 이야기하고 싶지 않은 것도 그 아이의 감정이기 때문이다. 조급해할 필요가 전혀 없다. 아이의 감정을 공감해 줄 기회는 항상 열려있다.

이해시키지 말고 먼저 이해하라

사춘기에 접어든 청소년들은 부모가 어떤 말을 해도 건성으로 듣는 척하거나 듣지 않는다. 실제로 부모가 하는 말이 잘 안 들린다고 한다. 그럴 수밖에 없는 이유가 조벽, 최성애 박사의 『청소년 감정코칭』책을 보면 청소년의 뇌는 '리모델링 중'이라고 했다. 집을 리모델링한다고 생각해 보자. 얼마나 어지럽고 어수선한가. 청소년 아이들의 뇌도 이와 마찬가지다. 이성적이고 논리적으로 사고하기 힘들기에 실질적으로 부모가 하는 말을 들어도 이해하지 못한다.

부모는 성장하면서 겪은 무수히 많은 시행착오를 아이들이 똑같이 겪지 않게 하고 싶어 한다. 그래서 아이를 보면 '숙제했니?', '할 거 먼저 해야지!', '게임은 적당히 해라', '공부는 언제 하려고 그래.'

등등의 말을 쏟아붓는다. 이성적이기 힘든 사춘기 아이들 처지에서는 걱정해서 하는 말이 아닌 자신 일에 참견하고, 비난하고, 충고한다고 받아들인다.

"엄마, 아빠는 날 이해 못 해!"라고 하면서 방문을 꽝 닫고 들어가 버린다.

사실 맞는 말이다. 아이를 이해 못 하겠다. 이해하고 싶어도 자기표현을 제대로 안 하고 성질만 부리기 때문에 이해하고 싶다가도 화가 날 때가 많다. 아이뿐만 아니라 부모님, 남편, 친구 때로는 나 자신도 이해하기 힘들다. 그만큼 누구를 이해하고 공감해 주는 것은 쉬운 일이 아니다. 감정코칭을 배우면서도 가장 힘든 것 중의 하나가 공감하는 것이었다. 한 가지 분명한 것은 하루아침에 공감하고, 경청하고 싶다고 해서 할 수 있는 것은 아니다. 나를 버릴 준비가 되어있어야 하고 꾸준한 연습이 필요하다. 연습을 통해서 경청하고 공감할 힘이 생기면 아이의 입장을 조금 더 쉽게 이해할 수 있게 된다.

공감적 경청

부모가 아이에게 먼저 귀 기울이지 않으면 아이는 절대 부모의 말에 먼저 귀 기울이지 않는다. 아이와의 관계뿐만 아니라 부부관계와 일반적인 인간관계에서도 그렇다. 상대방의 말을 듣지도 않고 자신의 말만 들어주기를 원하는 것은 이기적인 행동이다. 이럴 때 어느 정도는 대화가 이어질 수 있지만 길게는 이어가기가 힘들어진다.

스티븐 코비 박사는 『성공하는 사람들의 7가지 습관』에서 상대방을 이해하기 위해 공감적 경청의 중요성을 강조했다. 공감적인 경청이란 상대방의 말을 무시하거나 듣고 싶은 것만 듣는 것이 아닌 상대방의 마음 공간에 들어가는 것이다. '이해'를 하려는 마음으로 이야기를 들어야 한다. 나의 관점이 아니라 상대방의 관점에서 사물을 보는 것이다. 아이의 관점에서 사물을 볼 수 있다면 아이들의 행동 또한 이해하기 쉬울 것이다.

부모의 말을 이해시키려 하면 자녀와의 관계는 점점 더 멀어질 수밖에 없다. 아이들이 스스로 이해할 수 있게, 부모는 그저 아이의 말을 아이의 관점에서 잘 들어주면 된다. 아이가 스스로 이해할 수 있게 하려면 부모가 먼저 아이를 이해해야 한다. 이 아이의 말에 담겨 있는 수많은 감정, 생각, 느낌뿐만 아니라 아이의 머리와 가슴

속까지 들어봐 주고 이해해야 한다. 공감적 경청이란 이러한 과정이다.

여기서 중요한 것은 공감적 경청을 한다고 해서 아이의 감정을 추측해서 단정해 버리면 대화가 단절될 수 있다. 아이를 이해하는 과정을 여러 번 반복하면서 상황을 파악해야 한다. 부모의 패러다임에 집착해 있다면 아이와 공감적 경청을 하기 힘들다. 내가 쓰고 있는 안경을 벗고 아이의 관점에서 이해하려고 애씀으로써 대화의 기회를 만들어 보자. 그렇게 되면 대화는 아이의 마음을 열 수 있는 열쇠가 될 것이다.

아이들은 부모로부터 이해받기를 원하고 인정받기를 원한다. 그래서 공감적 경청은 아이와 부모를 연결해 줄 수 있는 중요한 끈이다. 꾸준히 소통하고 소통을 통해 천천히 배우면 그 끈은 점점 더 두꺼워지고 단단해질 것이다.

부모는 매니저가 아니다

아이가 말할 때 집중해서 경청하고 있지만, 머릿속에서는 계속해서 '어떻게 이 일을 해결해 줄까?', '어떤 말을 해 줘야 할까?'라고 생각하면서 듣는다면 제대로 공감적 경청을 할 수가 없다.

오랜 세월 나는 아이들의 매니저 역할만을 해왔다. 공부를 안 해서 시험을 망칠까 봐, 그래서 더 공부에 흥미를 잃을까 봐 걱정만 했다. 공부하자고 격려도 해 보고, 다독여도 보고, 할 수 있는 힘도 실어주려 노력했다. 준비물도 미리 챙겨주고, 실수해서 누구한테 안 좋은 소리를 들을까 봐 미리미리 대비해 주었다. 아마도 아이를 위한 행동이긴 했지만 어떻게 보면 내가 그런 상황들이 싫어서 그랬던 것 같다. 실수와 실패를 통해 스스로 깨닫고 배워나가는 기회들을 사전에 차단해 버렸는지도 모른다.

아이를 이해하기보다는 아이를 이해시키기에 급급했다. 이건 이래서 이래야 하고 저건 저래서 저래야 하고. 만들어져 있는 틀에 자꾸 아이를 끼워 맞추려 했다. 학원에 안 가면 성적이 바닥을 칠 거 같고, 선행을 안 하면 우리 아이만 뒤처지는 것 같았다.

아직도 가장 후회로 남는 것은 아이가 스스로 충분히 생각하고 결정하고 행동할 수 있도록 끝까지 기다려 주지 못했다는 것이다. 설령 실패를 맛보더라도 말이다. 그런 경험 속에서 아이가 더 단단해진다는 것을 그때는 깨닫지 못했다. 하지만 현실적으로 지금의 교육 체재에서는 기다려 준다는 것이 결코 쉬운 일은 아니다. 너도 나도 모두가 선행하느라 정신없고, 학교에서 학원에서 해야 할 숙제와 과제가 산더미다. 그 속도에 못 맞춰간다는 것 자체가 참으로 견디기 힘든 일이다.

공감적 경청을 통해 어려서부터 부모와 좋은 공감대를 형성한다면 아이는 커가면서 힘든 상황이 닥치더라도 넉넉히 이겨나갈 수 있을 것이다. 지금도 늦지 않았다. 아이와 공감하고 소통할 기회는 항상 있다. 단지 내가 이해시키려고 한다면 그 기회가 보이지 않을 것이다.

아이가 스스로 생각하고 이해하고 행동할 수 있도록 부모는 옆에서 기다려 주고 함께 하면 된다. 아이의 마음을 보는 공감적 경청을 통해 아이의 정서적 깐부가 되어보자.

내가 먼저 이해하려고 할 때 변화는 시작된다.

스스로 알아차림의 힘은 강력하다

아이가 처한 상황 또는 문제가 해결되지 않았는데 계속해서 아이의 말만 잘 들어주고 공감만 해 주면 되는 걸까? 뭐라도 결론을 지어줘야 하지 않을까? 이런 의문점이 계속 들 것이다. 지금까지 아이와의 대화를 통해서 감정을 읽어주고 공감을 하면서 그 감정을 명확하게 했다면, 이제는 문제를 해결해 나갈 수 있도록 도와주어야 한다. 다시 말해서 부모가 해결해 주는 것이 아니라 아이가 스스로 해결 방법을 찾을 수 있도록 도와주는 것이 필요하다.

감정코칭의 마지막 단계인 5단계는 바람직한 행동으로 이끌어 주는 것이다.

누구나 다른 사람의 지시나 지적을 받으면 하고 싶었던 일도 하기 싫어진다. 사춘기 아이들은 훨씬 더하다. 지금 막 하려 했는데 엄마가 먼저 말한 거라고 성질을 낼 때도 있다. 부모 또는 선생님의 지시, 조언, 충고 등을 있는 그대로 받아들이지 않는다. 완전히 삐뚤어진 마음으로 모든 것을 받아들인다고 느껴질 만큼 청개구리 짓을 한다. 이런 아이들에게 어떻게 하면 스스로 알아차릴 힘을 길러 줄 수 있을까?

행동의 한계를 정해주자

여러 번 강조할 만큼 아이의 감정을 알아차리고 공감해 주는 것은 중요하다. 공감은 엄청난 힘을 가지고 있다. 감정을 알아차리고 공감한다는 것이 모든 것을 다 수용하고 포용하라는 것은 아니다. 자신을 해하고, 남을 해하는 행동은 잘못된 행동이라는 것을 단호하고 분명하게 알려줘야 한다.

화가 난다고 친구나 동생을 때리는 행동, 엄마가 잔소리한다고 해서는 안 될 욕을 한다거나 폭력적으로 나온다면, 그 행동이 무엇 때문에 잘못된 것인지 깨닫게 해주는 것이 중요하다. 무작정 그런 행동은 잘못된 행동이라고 말하면 더 감정적으로 폭발할 수 있다.

그때는 행동에 대한 한계를 정해주기 전에 아이의 감정을 먼저 알아차려 주는 것이 꼭 필요하다.

화가 난 아이가 동생에서 욕을 하고 주먹질을 했다고 가정해 보자. 이를 목격한 엄마가 바로 큰소리로 "동생한테 뭐 하는 짓이야? 정신이 있어 없어?"라고 행동에 대해 지적만 한다면 아이는 더 흥분하거나 또 다른 마음의 상처를 받게 된다. 먼저 화나 있는 아이를 진정시킬 필요가 있다. 호흡을 통해 아이를 진정시켰다고 "화가 많이 나 보이는데 무슨 일 때문에 화가 많이 났는지 말해 줄 수 있니?"라고 물어봐 준다. 아이의 감정을 충분히 읽어주고 나서 행동에 대한 한계를 정해주는 것이 순서이다.

특히 청소년 아이들의 뇌는 리모델링 중이라 상황을 이성적으로 판단할 수 있는 능력이 부족하다. 그래서 화가 나거나 격한 감정이 밀려왔을 때 자기가 알고 있는 방법만이 화를 풀 수 있는 유일한 방법으로 생각할 수 있다.

세세한 부분을 자제하게 하는 것이 아니라 남에게 피해를 주는 행동과 자신에게 해를 입히는 행동에 대한 한계를 명확하게 알려 주어야 한다. 여러 상황에서도 그 두 가지는 반드시 지킬 수 있도록 하는 것이 중요하다.

스스로 해결책을 찾도록 이끌어 주자

한 가지 방법 또는 본인에게 익숙한 방법밖에 모르는 아이에게 일방적으로 해결책을 알려주는 것은 서로의 관계에 독이 된다. 아무래도 아이보다는 여러 가지 해결책을 알고 있는 부모의 처지에서는 빨리 개입하고 싶은 마음이 먼저 들게 된다. 하지만 절대적으로 먼저 해결책을 제시해서는 안 된다. 부모가 알려준 해결책은 아이가 스스로 생각해서 얻은 결과가 아니기에 실행으로 옮기는 데 어려움이 있다. 부모는 아이가 스스로 해결책을 찾을 수 있도록 도우미 역할만 하면 된다. 아이가 직접 문제의 해결 방법을 찾을 수 있도록 생각하게 하고 노력할 수 있게 유도해 주는 것이다.

가장 효율적인 방법은 아이에게 열린 질문을 하는 것이다.

앞에서 언급한 것과 같이 아이가 학원에 가기 싫다고 했을 때 충분히 공감해 주면서 감정을 표현할 수 있도록 도와주었다. 스스로 학원 안 가는 것으로 마음을 굳혀버린 아이에게 강압적으로 학원을 가라고 하는 것은 무리였다. 반드시 그 학원에 다니는 것만이 해결 방법이 아니었기 때문에 아이가 스스로 생각할 수 있도록 물어봐 주었다.

"그래. 학원을 그만두고 나서는 어떻게 했으면 좋겠어?"

"어떤 방법이 너에게 더 맞을 거 같아?"

아이가 한참 고민한 후에 "지금은 아무 생각이 안 나요. 조금 생각해 보고 말씀해 드릴게요."라고 말했다. 사실 모든 것을 그 자리에서 마무리하고 싶었지만, 아이에게도 생각할 시간이 필요했기 때문에 대화할 준비가 되면 다시 얘기하자고 했다.

결론적으로는 아이는 학원을 그만두었다. 하지만 충분히 생각하고 자기 스스로 학원이 아닌 다른 방법을 찾고 내린 결정이었다. 만약 그때 "학원 안 가면 뭐 하려고?", "그런 이유로 학원을 가기 싫다는 게 말이 돼?", "다른 아이들은 학원을 몇 개씩 다니는데 고등학생이 학원을 안 다니면 대학은 어떻게 가려고?"라고 말했다면 아이와 대화조차도 할 수 없을 정도로 사이가 안 좋아졌을 것이다. 아이가 스스로 찾아낸 해결책을 하찮게 여겨서는 안 된다.

때로는 아이 혼자 해결책을 찾기 힘들어할 때도 있다. 그럴 때는 충분한 대화를 하고 서로 공감이 형성되었을 때 조심스럽게 제안을 하는 것도 방법이다. 아이의 마음이 열렸을 때는 자신이 생각지도 못한 것을 부모가 얘기해 줬을 때 의외로 흔쾌히 받아들이기도 한다.

스스로 알아차림의 힘은 강력하다. 자신의 감정을 좀 더 정확하게 알고, 스스로 해결 방법을 찾을 수 있도록 믿어 준다면 아이는 분명히 이런 과정에서 자신감, 성취감, 무엇을 해야겠다는 동기부여도 느낄 수 있을 것이다. 부모가 옆에서 그 해결책을 찾는데 든든한 버팀목이 되어 준다면 아이는 세상을 다 가진 것 같은 힘이 생길 것이다. 그 힘으로 더 힘든 상황도 이겨 나갈 수 있는 것이다.

✸ 감정코칭을 하지 말아야 할 때

주변에 누가 있을 때

절대로 누가 있을 때 감정코칭을 하지 말아야 한다. 다른 식구들이 있을 때도 마찬가지다. 다른 사람이 있을 때는 더더욱 솔직한 감정을 말하기 힘들 때가 많기 때문이다. 되도록 조용한 곳에서 남의 방해 없이 일대일 상황에서 하는 것이 가장 좋다.

엄마의 감정이 추스를 수 없이 격해졌을 때

엄마가 화가 머리끝까지 올라갔을 때는 감정코칭을 해도 제대로 할 수 없다. 감정이 격해 있을 때는 아이의 말이 제대로 들리지도 않고 충분히 공감해 줄 수도 없다. 오히려 격한 감정이 폭발하는 사태가 벌어져 상황이 더 악화될 수 있다.

시간에 쫓길 때

감정코칭에 있어서 시간은 매우 중요한 조건 중의 하나이다. 아침에 출근을 앞두고 감정코칭을 하는 것은 시간적인 여유가 없어서 안 하는 것이 좋다. 빨리 원하는 결과를 얻으려고 아이를 몰아가거나 아이의 말을 경청하지 못하고 무시할 수 있기 때문이다. 이럴 때는 계속해서 대화를 못 하는 이유를 설명하고 퇴근 후 다시 대화할 기회를 서로 정해야 한다.

남편과 싸워서 관계가 안 좋을 때

감정이 격해졌을 때 감정코칭을 하지 말아야 하는 경우와 같다. 남편뿐만 아니라 친정 또는 시댁 식구와의 관계가 안 좋을 때도 감정코칭을 하지 않는 것이 좋다. 잘못하다가는 타인에 의해 상한 감정이 아이한테 고스란히 전달될 수 있기 때문이다.

체력적으로 안 좋을 때

체력이 떨어지면 모든 일이 귀찮아진다. 회사에서 지칠 대로 지친 몸으로 감정코칭을 하는 것은 아이에게 오히려 안 좋은 감정만 생기게 한다. 피곤하고 지칠 때는 공감적 경청을 하기 힘들기에 우선 자신을 챙기는 게 먼저이다.

엄마의 사심을 이루고자 할 때

감정코칭은 아이의 감정을 봐주고 아이가 스스로 잘못된 행동을 수정할 수 있게 하는 코칭이니 만큼 아이가 주가 되어야 한다. 엄마가 이루고자 하는 목표에 아이를 맞추기 위해 감정코칭을 해서는 안 된다. 눈치 빠른 아이들은 엄마가 진심으로 자신의 말을 듣는지 안 듣는지를 귀신같이 알 수 있다. 원하는 목표를 이루고자 감정코칭을 이용하게 되면 오히려 아이와 관계만 안 좋아진다.

안전하지 않은 상황일 때

자해를 하거나 다른 아이를 괴롭힐 때는 감정코칭이 아닌 단호함이 필요하다. 소리를 질러 아이를 억압하거나 그 행동을 멈추게 하는 것이 아니라 부드럽지만 단호하게 낮은 톤으로 안 된다고 얘기해 줘야 한다. 위험할 때는 아이의 감정보다 아이의 안전이 먼저이다.

아이가 거짓으로 대할 때

감정코칭은 아이의 말을 경청하고 감정에 공감해 주는 것이 매우 중요하다. 하지만 아이가 거짓으로 얘기하거나 거짓된 감정을 말하면 감정코칭을 할 수가 없다. 이럴 때는 진심으로 이야기해 주기를 요청하는 것도 방법이다. 계속해서 거짓으로 대응할 때는 코칭하는 것을 잠시 중단해야 한다.

Part 5

한번 사는 인생
행복한 엄마가 되자!

엄마 감정에도 처방이 필요하다

엄마의 감정이 곧 아이의 감정이라는 말이 있다. 엄마의 감정이 불안감이 높고 화가 많다면 아이도 화가 많고 여러 가지 변화에 불안해할 확률이 높다. 그런 아이의 감정은 다양한 행동으로 표출된다. 새 학기가 돼서 학교 선생님과 학부모 상담을 할 때면 선생님이 말하는 아이의 모습과 내가 알고 있는 아이의 모습이 사뭇 다르다는 것을 느낄 때가 있다. 집에서는 너무나 내성적이고 조용한 아이인데 학교에서는 친구들과 잘 어울리고 장난도 잘 친다거나, 학교에서는 너무나 모범생인 아이가 집에만 오면 아주 사소한 일에도 화를 내고 짜증을 내는 일도 있다.

다양하게 표현되는 아이의 감정을 알아차리고 공감해 주는 것도 중요하지만, 엄마의 감정 또한 수시로 봐주고 인정해줘야 한다. 그래야 편안한 엄마의 감정이 아이에게 전달되어 아이도 편안해질 수 있다. 그렇다면 엄마의 감정은 어떻게 챙겨야 할까? 어떤 처방이 필요할까?

첫째: 스스로 체크하기 – 지금 기분은 어때?

몸이 아프면 의사에게 진료를 받기 위해 제일 먼저 찾는 곳이 병원이다. 의사가 환자를 보고 처음 묻는 말이 '어디가 불편해서 오셨어요?'이다. 어디가 아픈지 알아야 진단을 할 수 있고 거기에 맞는 처방을 할 수 있다. 감정도 마찬가지이다. 지금 나의 감정이 어떤지 어떤 마음인지 살펴보는 것이 필요하다. 누군가 마음을 물어봐 주고 알아봐 줌으로써 위로받고 지금 자신이 어떤 상태인지 알아차릴 수 있게 된다.

부모, 친구, 동료 등 다른 사람이 나의 감정을 물어봐 주고 챙겨주면 좋겠지만, 항상 그럴 수는 없다. 내가 필요로 할 때마다 알아차리고 물어봐 줄 수 있는 사람은 그리 많지 않다. 타인이 알아봐 주기를 기대하면 지치고 기대에 못 미치면 실망도 커진다. 그렇기에 자신의 감정은 자신이 물어봐 주고 살피는 연습이 필요하다.

'지금 기분이 어때?'

'오늘은 무얼 해도 꼬이는 날이야. 5분만 자고 일어나야지 했는데 30분이나 더 자버렸어. 미쳤나 봐. 당연히 통근버스 놓치고 지각까지 했어. 아침부터 상사한테 한 소리 들었지. 일이 꼬이니 온종일 되는 일이 없네. 진짜 짜증 나고 내가 너무 한심하게 느껴져.'

'아이가 기분 좋게 일어나서 웃으면서 학교에 갔어. 이게 얼마만의 일인지 몰라. 매일 아침 아이 눈치 보느라 힘들었는데 오늘은 너무 행복해.'

'아침부터 비가 와서 마음이 좀 울적하네. 상사, 동료, 후배, 아이들, 남편 등 사람과의 관계가 다 힘들어. 아무것도 하기 싫고 어디 조용한 곳으로 혼자 여행 가서 아무것도 안 하고 누워서 쉬고 싶어.'

'금요일이야. 한주 진짜 정신없었어. 시험 기간이라 신경이 날카로워진 아이 눈치 보느라 정신없었고, 회사 일도 많아서 점심 먹을 시간조차도 없이 일만 했네. 그런데도 아이의 시험도 회사 일도 다 잘 마무리됐어. 결과와 상관없이 내일 주말이라고 생각하니 지금 기분이 너무 좋아.'

다양한 감정들이 쏟아져 나온다. 남에게는 창피해서 말할 수 없는 속마음까지 자신에게는 속 시원히 솔직하게 표현할 수 있다. 무엇 때문에 속상하고, 섭섭하고, 화가 나고, 슬프고, 기쁜지, 행복한지 자신의 기분이 어떤지 살필 수 있다. 혹여 솔직하게 표현 못 해도 괜찮다. 어떤 기분인지 몰라도 괜찮다. 중요한 것은 자신의 기분을 살피기 위해 물어봤다는 것이다. 스스로 질문하면서 감정 속에서 빠져나와 객관화시킬 수 있는 여유가 생기게 되는 것이다. 이렇게 내 감정을 먼저 챙기는 것이 아이와의 행복한 소통을 위한 가장 기초적인 준비단계이다.

둘째: 내 장점을 찾고 인정해 주기

아이는 너무 이쁘고 멋지게 입혔지만, 막상 엄마 자신은 신경도 제대로 못 쓰고 외출할 때가 있다. 아이를 키우다 보면 나를 살피지 못할 때가 있다. 외모뿐만 아니라 마음도 제대로 챙기지 못할 때가 많다. 그러면서 점점 자신감도 떨어지고 자존감까지 떨어지게 되는 때도 생긴다. 그럴 때일수록 나의 장점을 찾아보는 연습을 해 보자.

자신감이 없어지고 자존감도 떨어지면 그냥 '지금 내 마음이 이렇구나'라고 인정해 주자. 나를 한번 감싸 안아 주자. 한참을 안고 있어도 좋다. 내가 지금 이렇다고 느끼는 것이 포인트다. '왜 나는 이럴까?'라는 자책이 아니라 '내가 지금 이런 마음이구나!'를 인지 하도록 해 보자.

사실 마음속으로만 생각하면 생각의 늪에 빠지기 쉽다. 나쁜 감 정들은 끌어당기는 힘이 강해서 나도 모르는 사이에 그 늪에 빠지 곤 한다. 생각의 늪에 빠지지 않고 인지하기 위해서는 쓰는 방법을 추천한다.

먼저 나의 마음이 어떤지 써 보자. 처음 쓸 때는 뭘 써야 할지도 모르고 어떻게 써야 할지도 모를 수 있다. 몰라도 상관없고 또 잘 써야 할 필요도 없다. 그냥 느낌 가는 대로 쓰면 된다.

마지막으로 그 감정을 장점으로 마무리해 보는 연습을 해 보자. 부정적인 감정은 순화되고 자신의 보석 같은 장점을 찾게 될 것이다.

'오늘은 이유 없이 짜증 나는 날이다. 딱히 무슨 일이 있는 것도 아닌데 그냥 모든 것이 짜증 난다. 급한 메일에 답하는 것도 짜증 나고, 아이들한테 잔소리하는 내 모습도 짜증 난다. 진짜 모든 게 짜증 나는 날이 바로 오늘이다. 근데 하루를 되돌아보면 그렇게 짜 증 나면서도 할 일은 다 했다. 퇴근 전에 급한 메일에 답도 다 하고 아이들이랑 웃으면서 저녁도 먹었다. 그러고 보면 나는 책임감이 참 강하다. 이거 하나는 인정! 때로는 이 책임감 때문에 스트레스도 많이 받고 혼자 힘들어하는 때도 있지만, 책임감 덕분에 지금의 내가 있는 것 같다. 이유 없이 기분 좋은 날도 있고 오늘처럼 이유 없이 짜증 나는 날도 있다. 오늘은 이유 없이 짜증 나는 날이지만 그래도 큰일 없이 무사히 하루를 보냈다. 오늘 하루 너무 수고한 나를 칭찬한다.'

나 자신을 인정하는 것은 타인으로부터 인정받는 것보다 더 의미 있고 소중하다. 자기 자신을 인정하지 못하고 자신의 장점들을 봐주지 못하면 타인의 인정을 받아도 의심하게 되거나, 또 다른 힘든 상황이 오면 흔들리게 된다. 스스로 인정할 때 조금 더 단단해지는 자신을 느끼게 된다.

누구에게나 장점은 있다. 단지 자신의 장점을 잘 알고 그 장점을 살리느냐 아니면 무시하고 묵혀 두느냐의 차이이다. 나의 장점을 찾고 인정하는 습관이 행복한 시간을 만들어 가는데 기초가 될 것이다.

셋째: 혼자만의 휴가를 즐기자

누구에게나 휴식은 필요하다. 육아에 지친 엄마도 혼자만의 시간은 반드시 있어야 한다. 하지만 나만의 시간을 보내는 것은 친정엄마든 남편이든 누군가의 또 다른 희생이 동반된다. 나만의 시간을 갖는 것이 이기적으로 느껴지고 다른 가족에게 미안한 마음 때문에 선뜻 행동에 옮기지 못할 때가 많다.

두 번의 산후휴가를 제외하고는 쉼 없이 직장 생활을 이어온 지도 어느덧 25년이 되어간다. 휴가를 가도 항상 가족과 함께했고, 어디를 가도 아이들 챙기랴 먹을 거 챙기랴 이래저래 신경 쓸 일이 많아 휴가 자체를 제대로 즐기긴 쉽지 않았다. 국내외 출장을 가도 일정에 따라 움직여야 했고, 업무의 연장선이라 가족과 떨어져 있어도 온전한 나의 시간을 갖기는 힘들었다. 육아와 직장 생활을 병행하면서 몸과 마음이 지칠 때도 많았지만 그렇다고 해서 나만을 위한 시간이나 여행을 가 볼 용기는 없었다.

나를 돌아볼 시간은 항상 필요하다. 그러기 위해 혼자만의 휴가를 즐겨보자.

혼자만의 여행도 좋다. 가까운 곳을 가거나 멀리 혼자 기차 여행을 하는 것도 좋다. 하루만이라도 이것저것 신경 안 쓰고 오로지 나만 챙길 수 있는 시간을 마련하는 것이 필요하다.

긴 사춘기 터널을 통과하면서 나를 돌아볼 시간은 사치였다. 항상 아이에 대한 걱정이 먼저였다. 하지만 어느 날 문득 앞으로 어떤 목표를 가지고 살 것이며, 어떤 인생을 살고 싶은가에 대한 질문이 내 머릿속을 맴돌았다. 정신적, 육체적으로 뒤엉켜 있는 실타래를 정리할 시간이 필요했다. 여러 사정상 오랫동안 휴가를 낼 수 있는 상황이 아니어서 단 하루만이라도 나만의 시간을 갖고자 바로 휴가를 내고 떠났다. 남편도 아이들도 없이 혼자 말이다.

천천히 책을 펴고 실타래처럼 엉켜있는 생각들을 정리해 나가기 시작했다. 먼저 내 마음을 알아차림의 시간을 갖고 요즘 무엇 때문에 이렇게 생각이 많은지, 지금의 감정이 어떤지, 나아가 어떤 걸 바라는지에 대해 집중해 보았다. 그 생각들을 종이 위에 다 적기 시작했다. 모든 생각이 하루 만에 정리되지는 않지만, 이러한 시간이 나를 되돌아볼 수 있는 중요한 시간임은 분명했다. 비록 하루였지만 용기를 내고 실행에 옮긴 나를 진심으로 칭찬했다.

살면서 힘든 순간, 행복한 순간, 슬픈 순간, 기쁜 순간… 여러 가지 순간과 마주하고 앞으로도 그러할 것이다. 이러한 순간들을 잘 보내기 위해서는 내 마음을 잘 알고 잘 보듬어 주어야 이 모든 순간을 잘 이겨내고 즐길 수 있을 것이다. 비록 짧은 휴가였지만 내 안에 있는 상자 밖에서 나를 바라볼 수 있었던 너무나 유익했던 시간이었다. 휴가를 마치고 일상으로 돌아왔을 때 바뀌어 있는 것은 없다. 바뀐 것이 있다면 나만의 시간을 통해 마음을 알아봐 주었던 시간 덕분에 모든 일상을 감사함으로 볼 수 있는 힘이 생겼다는 것이다.

시간을 낼 수 있는 사람도 '나'이고 내 마음을 알아봐 줄 수 있는 사람 또한 '나'이다. 남에게 받는 칭찬보다 나 스스로에게 하는 칭찬이 때로는 더 중요하고 더 파워풀하다는 것을 잊지 말아야 할 것이다. 나만의 휴가는 나에게 주는 소중한 선물이다.

있는 그대로 표현하자

어린아이의 웃음을 보면 나도 모르게 눈가에 미소가 지어진다. 아지랑이같이 몽글몽글한 행복함이 느껴진다. 아이의 웃음은 어떠한 거짓도 숨김도 없이 순수함 그 자체이기 때문에 보는 이도 함께 행복하게 웃음 짓게 되는 것이다.

행복한 사람들의 표정에는 공통점이 한 가지 있다. 가만히 있어도 풍겨 나오는 포근함, 편안함 그리고 미소지음이다. 억지 미소가 아닌 진심으로 편안하고 안정된 상태에서 나오는 미소는 보는 이도 편안하고 미소 짓게 만든다. 그러한 미소는 수용에서 오는 듯하다. 있는 그대로 받아들일 수 있는 마음 말이다.

속담 중에 '참는 자에게는 복이 온다.'라는 말이 있다. 감정적으로 폭발하는 상황에 부닥쳤을 때 잠시 참으면 화를 면할 수는 있을 것이다. 무작정 참기만 하면 속이 터질 것 같고 화병으로 자신이 더 힘들 수 있지 않을까? 그런데도 옛 어머님들은 많이 참고 사셨다. 시집살이하면서도, 남편이 놀음 빚을 지고 재산을 다 날려도 남편이 두 집 살림해도 그냥 참고 사셨다. 같은 문제는 아니더라도 시대가 변한 지금도 많은 엄마가 참고 산다.

무조건 참는 것이 항상 옳다고 할 수 없다. 그렇다고 해서 격한 감정이 생겼을 때마다 모든 감정을 다 표출하는 말은 아니다. 감정을 무조건 참게 되면 계속 누적되어 언젠가는 곪아 터지게 된다. 가장 약한 사람인 아이에게 터지는 경우가 많다. 그렇다면 감정의 소용돌이 속에서 어떻게 빠져나와 편한 마음으로 행복해질 수 있을까?

감정노동에서 벗어나자

많은 감정이 인간관계 속에서 발생한다. 상사와의 갈등, 직장 동료 간의 갈등, 고부간의 갈등, 형제와의 갈등, 부모와의 갈등, 부부 간의 갈등, 자녀와의 갈등 등등 셀 수 없는 많은 갈등 속에서 격한 감정이 생기고 때로는 깊은 상처가 되어 마음속에 꽁꽁 묶어놓고 살게 된다.

갈등은 복잡하지만 단순하게 생각하면 상대방과 서로 다른 의견을 줄이지 못하고 인정하지 못하기 때문에 생기는 경우가 많다. 아이와 엄마의 관계에서 발생하는 갈등도 마찬가지이다. 사춘기 아이는 걱정해서 하는 엄마의 말을 비난 또는 비판으로 해석하고 무시하거나 짜증을 낼 때가 많다. 그런 아이의 행동에 일일이 뭐라고 하면 상황만 안 좋아질까 봐, 많은 엄마가 그러려니 하며 지나간다. 엄마의 말을 무조건 무시하고 자신의 감정 또한 드러내지 않는 아이들도 많다. 갈등 사이에서는 누군가 자신의 감정을 제대로 표현하지 못하고 꾹 참는 사람이 생기기 마련이다.

갈등의 원인은 다름을 인정하지 않기 때문이다. 부모 아이 사이에서도 서로의 의견이 다를 수 있고, 서로의 생각이 다를 수 있는데 부모라는 이유 하나만으로 부모의 생각과 의견이 항상 옳다고 착각할 때가 있다. 아이의 감정은 수용하지 않고 행동만을 보고 옳고 그름을 따질 때 갈등은 더욱 심각해지게 된다. 아이의 감정을 이해하고 아이의 있는 그대로의 모습을 받아 줄 수 있을 때 갈등의 틀은 서서히 깨질 것이다.

엄마가 감정을 억누르게 되면 아이를 이해하기 힘들다. 아이의 말에 공감할 수 없게 된다. 억눌린 감정으로 인해 아이의 말을 제대로 들을 수 있는 마음의 여유가 생기지 않기 때문이다. 이렇게 감정을 억누르면서 아이를 대하는 것 또한 감정 노동이 되는 것이다. 아무렇지도 않은 척하면서 아이를 바라봐 주지만 막상 아이는 엄마가 아무렇지도 않다고 느끼지 않는다. 억지로 화 안 내고 온화한 척할 필요가 없다.

행복한 엄마가 되기 위해서는 감정을 억누르지 않고 감정 노동에서 벗어나야 한다. 어떻게 보면 참 앞뒤 안 맞는 말이다. 올라오는 감정들을 억누르지 않고 엄마의 마음을 잘 표현해야 하니 말이다. 하지만 엄마의 마음을 어떻게 표현하느냐에 따라 감정을 억누르지 않고 엄마의 마음도 편하게 표현할 수 있다.

나 전달법으로 표현하자

서로 의견이 다를 때 참는 사람이 있는 반면, 하고 싶은 말을 다 해 버리는 사람도 있다. 또는 집에서는 할 말 못 할 말을 다 하면서 정작 나가서는 자기 의견을 한마디도 제대로 못 하는 사람도 있다.

그동안 살면서 누구와 싸우는 일은 극히 드물었지만 하고 싶은 말은 하면서 살았던 것 같다. 남편과 부부싸움을 할 때도 꼭 한마디를 더 해야 속이 시원했다. 오히려 밖에서는 감정을 제대로 표현 못하고 가까운 가족에게는 하고 싶은 대로 다 하는 감정노동자였다. 가족끼리 언성을 높이는 일도 있었고 가슴에 깊은 상처 주는 말도 서슴없이 했었던 적이 있었다. 한 번 입 밖으로 나온 말은 주워 담을 수 없고, 신중해야 하고, 진실해야 한다는 것을 알고 있으면서도 마음에 있는 말을 필터 없이 하고 나서 후회한 적이 한두 번이 아니었다.

근데 사춘기 아이에게는 달랐다. 언제 무엇 때문에 터질지 모르는 시한폭탄 같은 사춘기 아이의 눈치를 살펴야 했다. 하고 싶은 말은 백만 가지가 넘었지만 여러 번 생각하고 꼭 해야 할 말만 하게 되었다. 때로는 참느라 속이 새까맣게 타들어 갈 때도 있었다.

감정코칭을 공부하면서 내 생각과 의견을 표현하는 방법부터 달라졌다. 예전에는 아이의 행동만을 보고 지적하는 말이 먼저 했다면, 지금은 나를 표현하는 방법으로 아이에게 나의 마음을 전달하는 달라진 모습을 보였다.

'나 전달법'으로 엄마의 마음을 전달해보자. 엄마가 아이에게 하는 잔소리는 아이를 위한 엄마의 마음이다. 단지 표현에 차이가 있을 뿐이다. 게임을 많이 하는 아이를 보면 게임에 중독될까 봐 걱정하는 마음이 크다. 걱정하는 마음은 표현하지 않고 바로 핸드폰 게임 그만하고 숙제 좀 하라는 말부터 하게 된다. 엄마의 걱정하는 마음을 먼저 전달하기보다는 행동에 대한 지적과 지시만을 하게 된다.

서로의 의견이 맞지 않을 때는 일단 크게 호흡 한번 한다. 아이에게 하고 싶은 말이 있다면 비난, 경멸, 멸시, 무시하는 듯한 말투와 표정이 아닌 진심으로 아이를 사랑하고 걱정하는 엄마의 심정을 먼저 전달하면 된다.

"엄마는 네가 많은 시간 핸드폰으로 게임을 하거나 유튜브를 보면 눈이 나빠질까 봐 걱정돼. 오랜 시간 작은 핸드폰 화면을 보고 있으면 눈도 많이 피곤할 것 같아. 안과 가서 시력 검사할 때마다 시력이 많이 나빠졌을까 봐 걱정하는 너의 모습을 보면 엄마 마음도 속상하거든."

이렇게 나 전달법으로 표현하게 되면 아이는 훨씬 더 편하게 엄마의 마음을 이해하게 된다. 엄마의 마음을 안 아이는 스스로 얼마나 장시간 동안 핸드폰 또는 게임을 했는지 자신을 스스로 되돌아보게 된다. 이런 대화를 통해서 아이와 함께 핸드폰 사용 시간을 조율할 수 있게 된다. 하지만 위험한 상황에서는 엄마의 심정을 이해시키는 것이 아닌 즉각적으로 아이의 행동을 멈추게 해야 한다. 아이가 남을 해치거나 자신을 해할 때가 그 예이다. 그런 위험한 상황이 아닌 경우에는 아이의 행동을 지적하는 것보다는 있는 그대로 엄마의 마음을 먼저 표현해 보자. 엄마의 감정을 억누르지 않고 편하게 아이와의 대화를 시도할 수 있을 것이다.

부정적인 감정을
긍정적인 에너지로 바꾸자

세대가 지날수록 더더욱 치열한 사회에서 사는 느낌이 든다. 가장인 아빠는 경쟁구조의 사회에서 살아남기 위해 필사적으로 사회생활을 한다. 엄마는 일하든 안 하든 기본적으로 집안 살림, 아이들 학업, 양가 어른뿐만 아이라 반려동물까지 함께 챙겨야 한다. 아이들은 어떠한가? 어린이집부터 시작해서 고학년이 되면 될수록 늘어나는 사교육과 입시의 중압감에서 허덕이고 있다. 이런 사회에 살아가면서 남녀노소 막론하고 누구나 좋든 싫든 스트레스를 받으면서 살아가고 있다.

한때 아니 불과 얼마 전까지만 해도 부정적인 감정이 올라오면 알고 있는 수단과 방법을 다 동원해서 그 감정을 몰아내려고만 했다. 갑작스럽게 불안감이 엄습해 오면, '어쩌지 병'에 걸려 한참을 고생할 때도 있었다. '어쩌지 병'은 '이런 일이 생기면 어쩌지?', '저런 일이 생기면 어쩌지?' 등 생기지도 않는 일을 미리 걱정하는 병이다. 또 그런 일들을 해결하기 위해 많은 에너지를 끌어모아 해결책을 수만 가지 정해 놓고 미리 대비하는 병이기도 하다. 이런 경우, 불안감은 불안감대로 높아지고 머리는 서로 뒤엉킨 생각으로 복잡해진다. 그 감정의 늪에 한 번 빠지면 벗어나기란 쉽지 않다.

감정 공부를 통해 감정에 대해 알아가면서 가장 깊게 울림이 온 것은 불안한 감정이 반드시 나쁜 것은 아니라는 것이다. 긍정적인 감정이든 부정적인 감정이든 모든 감정은 다 소중하다. 오랫동안 부정적인 감정을 몰아내려 하고 거부하려고만 했던 나에게는 조금은 충격적인 깨달음이었다.

부정적인 감정 중 걱정을 예를 들자면, 우리 삶에 있어서 적당한 걱정은 우리의 뇌를 자극하는 외부의 불편한 상황들을 진정할 수 있게 하거나 문제의 해결책을 찾는 데 도움이 되기도 한다. 하버드 의대 정신의학과 부교수 루아나 마르케스 박사는 "걱정이 제 기능을 못 하는 것은 우리가 오로지 문제에 관한 생각만 하고 있기 때문이다"라고 했다.

부정적인 감정을 억누르고 몰아내려고 노력하면 할수록 우리는 그 안에만 갇혀있게 된다. 더더욱 그 감정의 늪에 빠져 허우적대고 감정은 신나서 점점 더 커져만 간다. 걱정이라는 감정은 사람의 마음과 생각에서 맴돌다가 스트레스 호르몬만 왕창 만들어낸다. 그 스트레스로 심장이 빨리 뛰거나 식은땀이 나는 등 신체적인 반응을 동반한다. 걱정과 스트레스가 주기적으로 오랫동안 반복되면 불안해하기 시작한다. 불안은 순식간에 사람의 마음과 몸에서 생겨난다. 마르케스 박사는 "불안은 어떤 면에서는 허위 경보에 대한 반응"이라고 말할 정도로 불안은 있지도 생기지도 않은 상황에 격하게 반응하는 것이다.

적당한 긴장감, 불안감, 스트레스, 걱정은 일상생활을 하는데 오히려 활력소가 될 수 있다. 하지만 문제는 그 감정들이 점점 더 심해지고 걷잡을 수 없이 커졌을 때가 문제인 것이다. 이런 부정적인 감정을 위험수위까지 가지 않고 유익한 감정으로 전환할 수는 없을까?

부정적인 감정을 긍정적인 에너지로 바꾸는 다양한 방법

1. 인지하고 그대로 인정하자

부정적인 감정도 감정이라는 것을 잊지 말자. 부정적인 감정을 먼저 인지하고 인정해야 커지는 것을 멈출 수 있다. 내가 지금 어떤 감정에 빠져 있는지 인지하고 인정하지 않으면 그 안에서 빠져나오기 힘들다. 밀어내거나 억누르지 않고 있는 그대로 감정을 인지하고 인정해 주는 작업이 있어야만 다음 단계로 넘어갈 수 있다.

2. 천천히 호흡하자

스트레스를 받거나 부정적인 감정이 올라올 때는 편안한 호흡을 할 수가 없다. 깊게 호흡하는 것이 아니라 얕은 호흡만 반복하게 된다. 감정이 격해지면 상황에서 도피하거나 그 상황에 맞서기 위해 전투 자세로 바뀐다. 그럴 때일수록 마음의 평정심을 유지하는 것이 중요하다. 천천히 심장에 손을 얹고 호흡에 집중해 보자. 천천히 다섯을 세면서 숨을 마시고 또 다섯을 세면서 숨을 내쉬어 보자. 감정에 치우치지 않고 오로지 심장과 호흡에 집중하다 보면 가빴던 호흡도 차츰 편안해지는 것을 느낄 것이다.

3. 감각을 느끼자

부정적인 감정에서 쉽게 빠져나오기 힘든 이유는 모든 신경이 머릿속에 엉켜있는 부정적인 감정 덩어리에 몰려 있기 때문이다. 발가락을 한번 꼼지락거려보자. 일단 신경을 다른 곳으로 돌리면 감정을 진정시키고 꼬리를 물고 커지는 감정을 자제할 수 있게 된다. 발가락이 아니더라도 팔을 쓰다듬거나 부드러운 천을 만져 보는 것도 좋다.

4. 글을 써 보자

불편한 마음을 글로 적어보자. 단지 짧은 시간이라도 글로 격해진 감정을 적다 보면 생각 정리를 할 수 있고 감정을 가라앉히는 데 도움이 된다는 연구 결과도 있다. 그만큼 감정에 대한 솔직한 느낌을 써 보면 무엇 때문에 그런 감정이 생겼는지 천천히 알아차릴 수 있게 된다. 그런 행동을 통해서 스스로 통제할 수 있는 것과 그렇지 않은 것을 구분할 수 있게 된다. 다음에는 통제할 수 있는 것에 좀 더 집중하면 된다.

5. 운동을 시작하자

몸을 움직이면 감정을 순화시킬 수 있다. 사춘기 아이의 행동에 격한 감정이 올라올 때마다 무작정 운동화를 신고 밖으로 나갔다. 발바닥에 느껴지는 감각을 느끼면서 무작정 걷다 보면 어느덧 마음이 편안해지는 것을 느낄 수 있었다. 운동은 스트레스로 지친 육체에 베풀 수 있는 가장 좋은 선물이다. 걷거나 어떤 운동이든 하면 스트레스 호르몬인 코티솔도 정상적으로 회복될 수 있다. 돈도 안 들고, 쉽고, 언제나 할 수 있는 걷기는 거창한 운동 계획보다 효율적으로 할 수 있는 운동이다. 지금 감정의 소용돌이 속에 있다면 편한 운동화를 신고 밖으로 나가보자.

6. 잘 먹고 잘 자자

부정적인 감정이 생기기 시작하면 제대로 먹지도 못하고 잠도 못 잘 때가 많다. 자신을 위해 일단 잘 먹어야 한다. 약을 먹는다 생각하고 무조건 골고루 챙겨 먹어야 한다. 잘 챙겨 먹어야 에너지를 만들 수 있다. 에너지가 결국에는 생활의 활력소가 되고 스스로 감정도 수월하게 조율할 수 있는 내면의 힘이 된다. 잘 자는 것 또한 감정을 조절하는 데 큰 역할을 한다. 잠이 보약인 이유는 숙면하는 동안 몸속의 찌꺼기가 배출되고 새로운 에너지가 충전되기 때문이다. 아무리 힘든 하루라도 잠만 잘 자고 나면 다음 날에 훨씬 더 가벼운 마음으로 하루를 시작할 수 있다.

7. 작은 것에도 감사하자

부정적인 감정을 가장 빨리 다스릴 수 있는 것은 감사하는 마음일 것이다. 지금, 이 순간에 감사할 수 있는 마음이 생기면 아무리 걱정스럽고, 화가 나고, 수치스럽고, 짜증 나고, 슬프고, 억울해도 마음이 편안해진다. 작은 것에도 감사하는 마음을 갖자. 지금 숨 쉴 수 있는 것도, 두 발로 서 있을 수 있는 것도 오늘 나에게 주어진 큰 축복이라는 것을 잊지 말자.

하루에 한 번도 걱정이나, 스트레스, 불안을 경험하지 않은 사람은 없을 것이다. 하지만 그 속에 묻혀서 살 것인지 아니면 좀 더 행복한 시간을 누리며 살 것인지에 대한 선택은 스스로에 달려있다는 것은 잊지 않았으면 좋겠다. 선택은 나의 몫이다.

빼고 더하고 나누고 곱하자

육아에 대한 정보는 이미 포화상태라고 말할 수 있을 정도로 많은 정보가 온·오프라인에서 넘쳐나고 있다. 육아서적, 블로그, 육아 카페 등 여러 매체를 통해서 원하는 정보를 편하게 찾아볼 수 있다. 아무리 많은 정보를 알고 있어도 막상 아이를 키우다 보면 벽에 부딪힐 때가 많다. 다양한 책을 통해 화를 안 내면서 육아하는 방법에 대해 충분히 알고 있다고 생각해도 막상 상황에 부딪히면 곧 무너질 때가 많다.

사춘기 아이를 이해하기 위해 책도 많이 읽고 자료도 많이 찾아봤다. 책으로 습득한 지식과 그 지식을 실전에 어떻게 활용할 수 있는지는 전혀 달랐다. 힘든 상황이 올 때마다 알고 있는 것을 적용하려 했지만, 생각처럼 쉬운 일은 아니었다. 힘든 상황이 되풀이되면서 낮아지는 것은 엄마의 자존감뿐이었다.

많은 엄마가 본인의 자존감보다 아이의 자존감을 높이는 방법에 대해 더 관심이 많다. 서점에도 블로그에도 아이의 자존감을 높이는 방법에 관한 책들을 쉽게 찾을 수 있다. 하지만 엄마의 자존감을 챙길 시간적, 심적 여유가 없는 것이 현실이다.

직장 생활을 하면서 두 아이를 키우다 보면 엄마의 역할에 대한 여러 가지 의구심을 떨쳐 버릴 수 없었다. 지금 잘하고 있는 건지, 혹시 다른 엄마와의 교류가 없어서 많은 정보를 못 얻고 있는 건 아닌지, 너무 공부에 대해 신경을 안 쓰고 있는 건 아닌지 등등 남과 비교하면서 스스로 힘들게 할 때가 많았다.

앞 장에도 다뤘듯이 아이는 엄마의 감정을 다 보고 있다. 엄마가 자존감이 낮다면 아이는 엄마의 모습을 보고 성장하기 때문에 자존감 낮은 아이로 성장할 확률이 높다. 나이가 들면 들수록 친정엄마와 닮아가는 나의 모습을 볼 때마다 깜짝깜짝 놀랄 때가 있다. 나는 커서 절대 친정엄마처럼 엄마 친구 자식들이랑 비교하지 말아야지 하면서 어느 순간 비슷한 말을 아이한테 하는 걸 깨닫게 된다. 엄마와 함께 하는 시간이 많은 만큼 엄마의 말, 행동 그리고 감정은 아이가 몸과 마음이 건강한 성인으로 성장하는 데 있어 중요한 역할을 한다.

엄마의 낮아진 자존감으로는 아이의 이야기를 충분히 들어주고 공감해 주기 힘들다. 순간마다 낮은 자존감으로 판단하고 비교하게 된다. 엄마의 자존감을 높이는 것이 곧 아이의 자존감을 높이는 일이다. 자신의 자존감은 곧 자신을 더 알아차리고 돌보는 것에서부터 시작된다. 빼고, 더하고, 나누고, 곱하면서 엄마의 자존감을 높여 보자.

빼기

매해 12월 말에는 나만의 10대 뉴스를 적는다. 가장 좋았던 일, 슬펐던 일, 힘들었던 일, 특별한 일 등등 한해를 떠올리며 기억에 강하게 남는 일들을 기록했다. 더불어 새해에 꼭 이루고자 하는 것들도 함께 적었다. 그중 매해 빠지지 않고 적는 내용이 '몸에서 힘 빼기'였다. 잘하고 싶고 잘해야 하는 마음이 항상 몸을 긴장한 상태로 만들었고, 이로 인해 신체적, 정신적으로 피곤했고, 체력은 낮아질 수밖에 없었다.

빼기, 버리기, 내려놓기, 비우기…
세상 힘든 일이다. 살면서 가장 힘든 일 중 하나가 내려놓음이 아닐까 싶다. 내려놓음을 이해하고 실천해야 하는 것을 알면서도 행동에 옮기기는 쉽지 않았다. 이제 다 내려놓았다 싶다가도 또 내려놓을 것이 생겼다.

오늘도 하나씩 빼고, 버리고 내려놓고 비우기를 반복한다. 몸에 힘이 들어가면 다시 몸에 힘을 빼고, 욕심을 버리고, 마음을 비우고, 기대를 내려놓는 연습을 하다 보면 조금은 가벼워지는 마음을 느끼게 된다.

더하기

아이를 키우면서 나만 힘들다는 생각을 안 해 본 사람은 거의 없을 것이다. 25년 직장 생활을 하면서 나만 더 고생하고 희생하는 것 같았고 때로는 그것이 너무나 당연하게 여겨지는 것에 화가 날 때도 있었다. 직장 생활에 집안일까지 항상 힘들고 지쳐 있는 모습과 그런 모습이 불만스러워 불평만 하는 나의 모습을 보게 되었다. '사랑하는 사람이랑 행복하려고 결혼했는데 왜 이렇게 힘들기만 할까?', '여기서 더 무엇을 해야 할까?', '언제 이 힘든 상황이 끝이 날까?' 부정적인 생각이 꼬리에 꼬리를 물고 있을 때 천천히 호흡을 정돈하기 시작했다. 그 생각의 틀을 벗어나 상황을 보려고 노력했다. 그 순간 마음의 강한 울림이 느껴졌다.

지금 누리고 있는 것에 감사하자!

지금까지 누리고 있는 모든 것들이 나의 노력으로 이루어졌고, 그것은 당연한 것으로 생각했다. 있는 것에 감사하지 못하고 없는 것에 초점을 맞추다 보니 불평불만만이 생기게 됐다. 스스로 만들어 낸 잣대에서 자신을 힘들게 하는 나의 모습을 보았다. 가족의 건강, 사는 집, 일할 수 있는 직장. 찾으면 감사할 것이 너무나 많은데 지금 닥쳐있는 힘든 상황만 보았기에 감사할 수 있는 수만 가지를 놓치고 살았었다.

지금 힘들다고 불평만 해서는 나아질 것이 아무것도 없다. 론다 번이 쓴 『더 시크릿』의 끌어당김의 힘처럼 감사하기 시작하면 더 많이 감사할 수 있는 일이 생긴다는 것을 믿는다. 아주 작은 것에도 감사함을 찾고 그 마음을 하나하나 더해가자. 지금, 이 순간 살아있음에 감사하자. 아무리 아이 때문에 속상하고 가슴이 아려도 함께 숨 쉬고 얼굴을 볼 수 있는 것만이라도 감사해야 할 일이다. 감사함에 감사함이 더해지면 더 많은 것에 감사할 수 있게 될 것이다.

나누기

자존감이 낮은 사람일수록 혼자 다 완벽하게 하려는 경우가 많다. 남에게 도움을 요청하는 것이 익숙하지도 않고, 요청하고 싶은 마음이 들지도 않는다. 상대가 나를 무시할 것 같은 생각과 내가 꼭 해야 한다는 마음 때문이다. 아무리 힘들어도 내가 하면 어떻게든 완벽하게 할 수 있다고 믿기 때문에 아이들 양육의 짐도 혼자 짊어 메려 한다.

아이는 혼자서 키우는 것이 아니다. 혼자서 키워서도 안 된다. 남편과 상의하자. 때로는 서로의 감정이 격해져서 싸움으로 번질 때도 있지만 그래도 아이들 양육에 대해서는 지속적인 대화가 필요하다. 남편과 대화할 때는 비난, 경멸, 충고하는 말이 아닌 오로지 지금 내가 느끼는 감정과 상황을 표현하면 훨씬 더 쉽게 대화할 수 있다. 시댁이나 친정에 도움을 요청하는 것도 또 다른 방법이다. 육아의 짐은 함께 나눌 수 있다는 것을 잊지 말아야 한다.

곱하기

적금을 안 해 본 사람은 없을 것이다. 일정 금액을 정기적으로 적립하다 보면 어느 순간 생각지도 않은 금액이 모이게 된다. 저금을 안 했으면 생길 수도 없는 여유 자금이다. 감정도 마찬가지다. 긍정적인 감정일수록 감정 은행에 차곡차곡 적립해야 힘들 때 이겨 낼 힘으로 쓸 수 있다. 부정적인 감정도 욕심을 버리고 마음을 비우는 빼기 행동과 감사하는 마음을 꾸준하게 지속하면 긍정적인 감정으로 변할 수 있다. 육아의 부담을 나눔으로써 감정의 은행에는 기쁨, 흐뭇함, 자신감, 행복감 같은 긍정적인 감정이 배로 적립될 것이다.

혼자 고민하고 모든 것을 책임지려 하면 자신을 더 힘들게 만들 수 있다. 지금까지도 잘하고 있다고 자신을 칭찬하고 한번 안아 주자. 자신을 돌아보고 알아가는 시간은 자신의 존귀함을 찾는 중요한 과정이다.

배움의 즐거움을 느껴라

학교 다닐 때는 공부하라는 말이 죽도록 싫었다. 특히 엄마가 '공부해라'라는 말만 하면 공부하고 싶은 마음이 있다가도 싹 사라져 버릴 정도로 공부하는 게 싫었다. 다들 대학에 가니깐 아니 대학 졸업을 해야 먹고 살 수 있는 직장을 찾을 수 있어서 억지로 재미도 없는 공부를 해야 했다.

대학에 가서는 졸업해야 했기에 죽어라 공부했다. 고등학교 때보다 스스로 챙겨서 공부했지만 재미있어서 했다기 보다는 잘 살아가기 위해 했던 것 같다. 직장 생활을 어느 정도 한 후에 하고 싶은 공부를 찾았을 때는 예전과는 공부를 대하는 태도가 달랐다. 예전의 억지 공부와는 비교도 안 될 정도로 재미있고 스스로 찾아가며 공부에 몰입할 수 있었다. 배움의 즐거움을 나중에서야 깨달은 것이다.

어떤 일을 즐겁게 할 때 비로소 자신감이 생기고 자존감도 높아진다. 지금 나에게는 배움이 그러하다. 조금이라도 어떤 것에 관심이 있다면 일단 시작하고 보자. '과연 지금 내 나이에 할 수 있을까?' 걱정하는 마음보다는 '그래 뭐가 되든 한번 해 보자'라는 마음으로 시작해 보자. 잘하고 못 하고는 큰 문제가 아니다. 못 할까 봐 두려워서 시작도 못 하는 사람들이 많아서 일단 시작한 것만이라도 스스로 칭찬해 줘야 할 일이다. 자신의 관심사를 찾고 배우고 발전시켜 나갈 때 큰 행복감을 느끼게 될 것이다.

책과 친해지자

어렸을 때 엄마가 전집을 사 주고 제발 책 좀 읽으라고 그렇게 잔소리를 하셨다. 심지어 책장을 잠그면 읽고 싶은 마음이 생긴다는 말을 듣고 엄마는 책장을 잠그기까지 하셨다. 당연히 책들은 그대로 그 책장에 잠겨 있었다. 책과 친해지는 것도 다 때가 있다고 생각한다. 나의 경우에는 가장 힘들 때 책과 가까워졌다. 마음이 편할 때보다 힘들 때 더 책을 찾게 되었다. 나와 비슷한 경험을 한 사람들이 어떻게 극복했는지 궁금했고 전문가들의 조언이 궁금했다. 그렇게 배움의 시작을 책에서 시작할 수 있었다.

요즘은 서점에 직접 가지 않아도 클릭 몇 번으로 빠르게 책을 주문하고 또 핸드폰을 통해 원하는 전자책을 편하게 읽을 수 있다. 이렇게 편하고 쉽게 책과 친해질 수 있는 환경에서 살고 있어도 많은 사람이 책과 점점 더 멀어져만 가고 있다.

퇴근하고 밀린 집안일을 하고 나면 책 읽을 시간이 없다는 말을 많이 하곤 했다. 지친 하루의 일과를 마치고 나서는 아무 생각 없이 텔레비전을 보거나 핸드폰을 봤다. 그런 시간은 있는데 책 읽을 시간은 없다고 했다. 사실 시간이 없는 게 아니라 마음이 없어서였다. 하루에 10쪽만 읽어도 한 달에 한 권은 읽을 수 있는데 말이다.

진짜 시간이 없을 수 있다. 하루에 단 30분이라도 책과 친해지도록 노력해 보자. 그 시간이 쌓일수록 지식과 관심사가 확장될 것이고, 마음의 위로와 삶의 용기가 생길 것이다. 나아가 인생의 전환점 또한 마주할 수 있을 것이다. 책이야말로 진정한 선생님이다.

온라인을 활용하자

코로나로 모든 생활이 상상도 하지 못했던 방향으로 흘러가고 있다. 배움의 기회 또한 예전보다 다양한 분야의 과정들이 온라인 상이라는 배움터에서 확장되고 있고 소통의 통로도 무궁무진해 지고 있다. 새로운 분야의 공부를 하고 싶어도 혼자 모르는 사람들과 함께 수업하는 자리에 가는 것 자체가 낯설고 힘들 수 있다. 하지만 온라인에서는 대면 수업보다 더 편안하게 강의 및 모임에 가입하고 같은 관심사를 가진 사람들끼리 만날 수 있다는 장점이 있다.

주식, 부동산, 글쓰기, 독서, 동기부여, 습관 만들기 등 다양한 콘텐츠로 온라인 모임이 활성화되고 있다. 특정 영역의 전문가만이 온라인 모임을 시작하는 것이 아니라 본인이 가지고 있는 경험과 지식으로 선한 영향력을 펼치기 위해 시작하는 사람들도 많다. 공동 관심사를 통해서 모인 사람들과 함께할 때면 혼자 하는 것보다 훨씬 더 멀리 오랫동안 배움을 유지할 수 있다. 서로 격려하고 응원하면서 서로에게 좋은 에너지를 전파할 수 있게 된다. 배움이 어떤 한 형태로 정해진 것이 아니라 시대가 바뀌면서 배움의 형식 또한 다양하게 바뀌고 있다. 그 흐름에 한 번 관심을 두고 동참해 보는 것도 긍정적인 감정을 끌어올리는 데 도움이 될 것이다.

자신에게 투자하자

요즘은 한 직장에서 오랫동안 한 일만 하는 것이 결코 자랑이 아닌 시대가 되어버렸다. 'N 잡러'라는 말처럼 다양한 직업을 가지고 있는 사람들이 점점 더 많아지고 있다. 본업을 가지고 있으면서 작가로 활동하거나 강사로 활동하는 사람들도 있고, 적어도 2가지 이상의 본업을 가지고 있는 사람들도 많다.

전문가들은 향후 10년 이후에는 지금 있는 직업의 50%는 없어진다고 한다. AI가 활성화되면서 로봇이 할 수 있는 영역이 점차 확대되고 있는데 매번 같은 생각의 틀에만 있다면 새로운 시대에 발맞추어 나가기 힘들게 된다.

자신에게 투자해야 한다. 투자라는 것이 반드시 금전적이어야만 하는 것은 아니다. 가장 중요한 것은 의지와 시간을 투자할 수 있어야 한다. 새로운 것을 배우는 데 있어서 시간의 투자 없이는 가능하지 않다. 처음 온라인 모임을 통해 다양한 강의를 들으면서 가장 힘들었던 부분이 시간 투자였다. 퇴근하고 와서 저녁 식사 준비하고 치우면 하루가 다 가는데 언제 자기계발을 하나 싶었다. 진짜 책 읽을 시간도 없는데 어떻게 온라인 강의를 듣고 자기계발을 할 수 있을까 고민했다. 하지만 그냥 저질렀다. 독서 모임도 시작하고 글쓰기 모임도 시작했다. 처음엔 쉽지 않았지만 하고자 하는 마음이 있으니 시간을 쪼개서 활용할 수 있었다.

공부 안 하고 공부 잘하기를 바랄 수 없듯이 아무것도 안 하고 달라지기를 바랄 수는 없다. 아무것도 안 하면 아무것도 이룰 수 없다. 미리 실패할 것이 두려워 시작도 못 하는 어리석은 자는 되지 말아야 할 것이다. 여러 가지를 해 봐야 나한테 잘 맞는 것이 무엇인지 찾을 수 있다. 아이들도 마찬가지이다. 어려서부터 다양한 체험을 해 봐야 자신이 어떤 것을 좋아하고 어떤 것에 재주가 있는지 찾아갈 수 있다.

조금 더 행복해지는 방법은 점점 더 성장하는 나를 발견할 때라는 것을 잊지 말아야 할 것이다.

잠자고 있던 연애 세포를 깨우자

　사랑하는 사람을 만나 사랑하고 평생을 함께하기로 약속한다. 그렇게 서로 사랑해서 결혼하고 사랑스러운 아이를 낳고 행복하게 살다가도 어느 날 문득 남편과의 관계가 처음과는 많이 달라진 것을 느낄 때가 있다. 결혼한 햇수가 오래될수록 서로 아끼는 마음은 있지만 애틋한 감정은 점점 시들시들해진다. 대화해도 아이들 얘기 외에는 달리 할 얘기도 없을 정도로 서로에게 무관심해질 때도 있다. 둘만의 시간을 보내는 것도 사치일 정도로 바쁘게 살다 보니, 서로 눈을 마주 보며 대화하는 시간은 서로에게 불편한 시간이 되고 만다.

　아이는 부모의 행동과 말투에 많이 민감하다. 아무리 사소한 일로 부모가 말다툼만 해도 아이들은 심각하게 생각할 수 있다. 아이의 기질에 따라 다르겠지만, 자신 때문에 부모가 싸우는 것은 아닐지 또 싸워서 이혼하는 것은 아닐지 걱정하는 아이도 있을 수 있다. 그만큼 아이들은 부모의 모습을 보고 배우면서 자란다.

남편에게 화가 났다거나 섭섭한 일이 있을 때, 아이를 대하는 나의 행동이 달라진다. 때로는 화를 꾹 참고 아이에게 더 잘해 줄 때도 있지만, 어떨 때는 남편에 대한 감정을 아이에게 쏟아붓고 싶을 때도 있다. 내 편이어야 할 남편이 내 마음을 제일 못 알아줄 때 가장 섭섭하고, 화도 나고, 외로워지기까지 한다. 그런 시간이 반복되고 길어질수록 남편과의 시간이 편하지 않고 어느 순간 '당신은 당신, 나는 나'식으로 각자의 시간을 보내게 된다. 때로는 의도치 않은 거리감과 대화의 단절을 겪게 된다.

남편은 가장이라는 무게감으로 힘든 내색도 못 하고, 혼자 힘든 시간을 보내면서 가정에는 신경을 덜 쓰거나 못 쓸 때가 있다. 아내는 그런 남편을 무관심하다고 생각한다. 이런 부부의 관계로 인해 아내의 자존감은 땅에 떨어질 수 있다. 자존감이 낮아지기 때문에 아이를 키우는 것이 즐겁지 않고 행복하지도 않게 된다.

부부 사이 확인하기

먼저 부부의 관계가 어떤지 알아보는 것이 중요하다. 아이가 어렸을 때는 키우느라 정신없고 좀 커서는 사춘기 아이의 비위 맞추느라 정신없어 부부 사이를 확인할 기회조차 없을 때가 많다. 부부의 사이가 점점 멀어질수록 아이의 정서에 좋은 영향력을 끼칠 수가 없다. 자신이 남편에 대해서 어떤 감정이 있는지 또 남편은 지금 어떤 마음인지 확인함으로써 좀 더 좋은 관계를 만들어나갈 수 있다.

아이의 문제로 전문가와 상담을 하면서 아이뿐만 아니라 나와 남편도 상담 시간을 가졌다. 나아가 함께 부부 상담도 받았다. 상담하면서 알게 된 것은 내가 지금까지 결혼생활을 하면서 참으로 남편한테 서운한 게 많은데 제대로 표현 안 하고 안으로만 꼭꼭 담아 두고 살았다는 것이다. 표현하지 않으면 절대로 서로의 마음을 확인하지 못하는데 말이다.

부부 상담을 통해서 결혼생활을 하면서 알지 못했던 남편의 모습도 알 수 있었다. 몇 번의 상담으로 표현도 서툴고 말수도 없는 남편의 마음을 다 알기란 힘들었다. 하지만 남편의 성장 과정을 통해 내면에 있는 감정도 마주할 수 있어서 남편을 조금이나마 이해할 수 있었던 시간이었다. 그 길지 않았던 상담 시간이 부부 사이를 확인할 수 있게 된 값진 보물이었다.

서로 인정하자

시시콜콜하게 말하지 않아도 척하면 척으로 알아줬으면 하는 마음이 컸지만, 남편의 성격상 그것은 거의 불가능했다. 그런 것을 알면서도 먼저 얘기하는 것이 너무나 자존심이 상했다. 그저 남편이 조금 더 관심을 두고 알아봐 주기만을 기다렸다. 그러다 혼자 성질 나서 화내고 실망했던 적이 한두 번이 아니었다. 남편을 있는 그대로 인정해 주지 않고 나에게 맞추려 했던 것이다.

서로 인정하지 않으면 더 좋은 관계로 발전하기가 힘들다. 내가 먼저 인정해야 할 것은 남편의 속마음이었다. 가정에 무관심한 것이 아니라 일에 대한 책임감이 강한 남편을 있는 그대로 알아주어야 했다. 남편의 마음을 조금 알았을 뿐인데 그동안 남편한테 섭섭한 것들이 어느 정도 설명되는 듯했다.

남편이 나에게 맞춰주기를 바라는 것은 욕심이고 이기적인 생각이었다. 그런 나 자신을 인정하기까지는 꽤 오랜 시간이 걸렸지만 인정한 이후에는 많은 것이 달라졌다. 나를 인정하고 남편을 있는 그대로 인정할 때 남편도 서서히 나를 있는 그대로 인정해 줄 수 있게 된다. 서로를 진심으로 인정할 때 서로를 좀 더 이해하고 존중하게 된다는 것을 그동안 잊고 살았다.

대화하는 부모가 되자

직장 생활을 하다 보면 상사 또는 동료와의 대화 시간이 남편과 함께 하는 시간보다 훨씬 더 길다. 하루에 남편과의 대화 시간이 얼마나 되는지 생각해 본 적이 있는가? 남편이 회사원이었을 때는 잦은 야근으로 24시간 동안에 얼굴 한번 못 본 적도 많았다. 아내가 직장을 다니든 안 다니든 평일에 남편과 함께 대화하는 시간이 하루 1시간 이상 될까 싶다.

대화가 없을수록 서로를 이해할 수 있는 시간은 줄어든다. 함께 하는 시간이 없을수록 대화를 하게 되면 싸움으로 번질 확률이 높아진다. 서로의 의견만 내세울 수밖에 없기 때문이다. 짧은 시간이라도 서로를 인정하고 존중하면서 대화하면, 아무리 서로의 의견이 달라도 싸움으로 번질 일은 거의 없다. 상대를 비난하거나, 비판하거나, 경멸하는 말이 아닌 인정하는 말을 하면 서로의 마음에 상처를 내는 일은 없을 것이다.

다가가는 대화는 남편과의 관계를 좋게 할 뿐만 아니라 아이에게도 좋은 본보기가 될 수 있다. 부부 사이가 좋을수록 아이는 안전하다고 느낀다. 부모는 그 안전함을 선사해야 할 의무가 있다. 매일 365일 항상 좋을 수는 없지만 좋은 것을 선택하려고 노력할 수는 있다. 남편과 다시 연애를 시작하자. 서로 안 맞는다고 포기하지 말고 서로 조금만 더 이해하고 감정을 봐주려고 노력하면 죽어 있던 연애 세포들이 깨어날 것이다.

남편과 데이트한 적이 언제인가? 되도록 1주일에 한 번은 같이 산책하러 나가보자. 데이트는 아니지만 걸으며 대화도 할 수 있고 손도 잡을 수 있다. 남편이 남의 편이 아니라 내 편이라고 느낄 때 행복해진다.

인생이 가장 많이 바뀌는 시점이 결혼이 아닐까 싶다. 인생의 반 이상을 같이 할 남편과의 관계가 힘들다면 하루하루가 지옥과 같을 것이다. 연애 세포들을 깨워서 함께 하는 시간을 늘리고, 다가가는 대화로 서로를 조금 더 이해해 보려고 노력해 보자. 그 노력은 함께 살아가는 길을 지옥이 아닌 꽃길로 만들 수 있을 것이다.

아이도 엄마도 함께 행복할 수 있다

육아의 궁극적인 목표는 '엄마와 아이 모두의 행복'이다. 키우는 엄마도, 보호를 받는 아이도 둘 다 행복해야 한다는 것이다.

독일에서 프리랜서 기자이자 엄마인 슈테파니 슈나이더가 쓴 『행복한 엄마가 행복한 아이를 만든다』에서는 자녀를 행복한 아이로 키우기 위해서는 가장 먼저 행복한 엄마가 되어야 한다고 주장한다. 그렇게 되기 위해서는 가족을 위해서 무한 희생과 헌신보다는 자신을 돌볼 수 있는 이기적인 엄마가 되어야 한다고 조언한다.

김수현 작가도 『애쓰지 않고 편안하게』에서 비슷한 조언을 하고 있다.

"불행한 엄마의 헌신은 자식에게 죄책감으로 남을 뿐, 자식의 행복을 바란다면 엄마도 행복의 예외가 되어서는 안 된다. 엄마로서의 행복은 물론이고, 아내로서의 행복, 친구로서의 행복, 한 개인으로서의 행복을 지켜야 한다."

행복하지 않은 엄마가 아이만 행복하게 성장할 수 있도록 양육할 수는 없다. 행복한 아이로 키우려면 먼저 나 자신이 행복한 엄마가 되어야 한다는 것을 누구나 잘 알고 있다. 그렇지만 현실은 그리 녹록하지 않다.

아이가 어렸을 때는 아무리 육아에 지쳐도 자는 아이들의 얼굴을 볼 때면, 천사 같아 너무나 이쁘고 사랑스럽다. 또 깔깔거리고 웃고 장난치는 아이의 순수함을 볼 때면, 큰소리로 혼내도 어느덧 같이 웃고 있는 나의 모습을 본다. 하지만 커가면서 학업에 대한 욕심과 기대로 아이와 서로 눈을 마주 보고 웃고 대화하는 시간은 점점 사라지고 만다. 어디로 튈지 모르는 사춘기가 되면 서로 으르렁대는 시간만이 늘어난다. 점점 더 치열한 경쟁 사회에서 아이를 키우는 엄마는 얼마큼 행복할 수 있을까? 과연 행복할 수 있을까? 여러 육아 전문가가 강조하는 것처럼 행복한 엄마가 될 수 있을까? 이런 질문들을 자신에게 던져본다.

조금은 이기적으로 살아도 된다

아이를 키우면서 아이의 있는 그대로의 모습만을 봐야지 하면서도 어느 순간 다른 아이와 비교하고 기대치를 만들어 가고 있는 나의 모습을 발견하게 된다. 유치원 재롱잔치에도 내 아이가 잘했으면 하고, 학교에 들어가면 공부는 물론 운동, 음악, 미술 등 여러 방면에서 잘했으면 하는 게 부모의 마음이다. 그런 마음이 커지다 보면 자연스럽게 아이에 대한 기대치 또한 점점 높아지게 된다. 아이가 기대에 맞춰 잘해 주면 좀 더 잘 할 수 있을 거라는 기대가 생기고, 그 기대치가 충족되지 않으면 잔소리를 하게 되기도 한다. 이렇게든 저렇게든 아이는 스트레스를 받을 수밖에 없다. 아이의 스트레스는 곧 엄마의 스트레스가 되고 만다.

이렇게 아이에게 헌신을 다하고 아이에게 온 힘을 다하다 보면, 어느 순간 번아웃(Burnout:소진)이 되는 순간이 온다. 번아웃은 한 가지 일에 몰두하던 사람이 육체적, 정신적으로 극도의 피로감을 느끼고 나아가 무기력증, 자기 혐오, 우울감 등에 빠져서 아무것도 하고 싶지 않은 상태를 말한다.

엄마라고 모든 것을 다 잘할 수는 없다. 아이와 남편 가족을 챙기는 일은 너무나 중요하다. 자신을 챙기지 않으면서 엄마의 역할만 하게 되면 어느 순간 공허하고 허탈감을 느낄 때가 온다. 왜 이러면서 사나 싶고 무엇을 위해서 이렇게 아등바등 힘겹게 사나 싶은 생각으로 모든 것을 하고 싶지 않을 때가 올 수 있다. 누구의 엄마인 것도 중요하지만 나로서 사는 삶도 중요하다.

바쁘게 살아오다가 한순간 모든 것이 불안해지기 시작했다. 나로 사는 것이 아니라 누구의 엄마, 누구의 아내, 누구의 딸로 사는 내가 너무 버겁게만 느껴졌다. 나만을 위한 시간이 필요했던 것이다. 다른 사람의 위로가 아닌 스스로 힐링할 수 있는 시간이 필요했다. 여러 고민 없이 일단 하고 싶은 것부터 하나씩 찾았다. 시간이 없다는 핑계, 끝까지 할 수 있을까 하는 걱정을 다 내던지고 무작정 시작했다. 평소에 배우고 싶었지만, 엄두도 못 냈던 악기도 과감히 시작했고, 노래도 다시 시작했다. 감정코칭 공부도 하면서 나를 위한 시간을 보냈다. 그런 시간이 지친 나에게는 영양제와도 같았다.

새로운 도전이 주는 설렘 덕분에 다시 나의 위치로 가서 생활할 수 있는 에너지를 얻었다. 여러 가지 하고 싶은 일에 도전하면서 나도 할 수 있다는 자신감을 되찾을 수 있었던 소중한 시간이었다. 에너지가 될 수 있는 원동력을 찾아야 한다.

조금은 이기적이게 살아도 괜찮다. 하고 싶은 것을 하나씩 찾아

보고 시작해 보자. 나를 살피는 시간은 결국에는 남편과 아이에게 좋은 에너지로 돌아가게 될 것이다. 남의 시선 따위는 신경 쓰지 말고 나한테 집중할 수 있는 시간을 스스로 선택할 수 있도록 용기를 내어보는 것은 어떨까? 나로 자신 있게 사는 것이 행복한 엄마가 되는 길이라는 것을 잊어서는 안 될 것이다.

아이에게 미안한 마음이 아니라 행복한 마음을 전하자

일하는 엄마들은 마음 한구석에 아이들에게 제대로 못 해주고 있다는 미안한 마음을 항상 갖고 있다. 아이들에게 딱히 소홀한 것도 아닌데 말이다. 단지 일한다는 이유만으로 마음에 짐을 안고 사는 것이다.

일하지 않는 엄마들은 미안한 마음이 없을까? 그렇지도 않다. 많은 시간을 아이와 함께 보내다 보니 나도 모르게 언성이 높아지고 치워도 치워도 끝이 없는 집안일에 지쳐 짜증을 낼 때도 많다. 자는 아이의 얼굴을 보고 있자면 하루가 주마등처럼 지나가고 짜증 내고 큰 소리 냈던 것이 미안해지기도 한다. 그렇게 보면, 직장 생활과는 상관없이 엄마라는 존재는 아이한테 항상 미안하고 짠한 마음을 가진 것 같다.

오랫동안 직장 생활을 하면서 미안함은 항상 꼬리표처럼 나를 따라다녔다. 직장 다니는 게 죄도 아닌데 아이를 돌봐 주시는 친정 엄마한테도 미안하고, 등하교를 제대로 챙겨주지 못하고 저녁이 돼서야 보게 되는 아이에게도 항상 미안했다. 미안하니까 하나라도 더 사 주고 싶었고, 미안하니까 안 해 줘도 되는 것도 쉽게 허락하게 되는 듯했다.

감정코칭 수업에서 교수님께서 '아이에게 미안한 마음이 드는 것은 자연스러운 일이지만 그 감정에 싸여 있어서는 안 된다'는 말씀이 기억에 남는다. 아이의 성향에 따라 다르겠지만 특히 예민한 아이는 자신이 무슨 잘못을 해서 엄마가 자신한테 미안해하는 거라고 자신을 자책할 수도 있다는 것이다.

비록 아이가 어렸을 때는 그렇게 못 했지만, 직장을 다니는 엄마는 짧은 시간이라도 양질의 시간을 아이와 함께하면 된다. 퇴근하고 집에 오면 쉬고 싶고 아무것도 하고 싶지 않을 수 있다. 하지만 아이는 온종일 엄마의 퇴근 시간을 기다린다. 단 1시간이라도 아이에게 집중하는 시간을 보낸다면 아이와 몇 시간 건성으로 보내는 시간보다 훨씬 더 좋은 관계를 형성할 수 있다. 어렸을 때부터 이런 시간을 보내면 사춘기 시기에 아무리 사이가 멀어져도 다시 부메랑처럼 아이의 마음이 돌아오게 되어있다. 아이가 어릴수록 양질의 시간을 함께하고, 사춘기에 접어들수록 양질의 거리 두기를 하면 된다.

아이를 잘 키우는 데는 정해진 답이 없다. 하지만 한 가지 길은 있다. 엄마가 행복하면 아이도 그 행복함을 보고 자란다는 것이다. 아이 앞에서 행복하다는 말을 얼마나 해 보았는가? 하루에 몇 번을 아이와 남편과 함께 깔깔거리며 웃어보았는가? 이번 한주 내가 가장 많이 한 말이 무엇인지 생각해 보자.

엄마가 행복해야 아이가 행복할 수 있다. 엄마가 아이에게 줄 것은 미안함이 아닌 행복함이어야 할 것이다. 그렇게 자란 아이는 힘든 역경도 든든히 이겨낼 수 있다. 함께 살아가는 사회에서 힘 있게 행복하게 지낼 수 있다. 좋은 엄마의 평가 기준은 타인에 의해서 정해진다면 행복한 엄마의 평가 기준은 바로 자신에게 있다. 좋은 엄마가 되기보다는 행복한 엄마가 되자.

이왕 한번 사는 인생, 아이와 함께 행복한 엄마가 되자.

엄마의 긍정적인 변화는
아이를 움직이게 한다

어느 날 아이와 함께 길을 걷는데 툭 하니 말을 건넸다.

"나는 참 축복을 많이 받은 아이인 것 같아요. 엄마!"

그 말을 듣는 순간 코끝이 찡해지며 아무 말도 못 하고 눈물만 흘렸다. 불과 몇 개월 전만 해도 이 길을 홀로 걸으며 원망과 두려움과 암담한 마음으로 가슴을 움켜잡고 울면서 걸었는데 말이다. 그런데 같은 길을 아이와 함께 이야기하며 걸으며 아이의 말에 감사의 눈물을 흘리고 있는 순간이 너무나 행복했다.

25년을 쉼 없이 직장 생활을 하면서 나름 좋은 엄마이고자 노력했다. 하지만 어딘가 항상 부족하고 엉성했다. 아이의 모습이 나의 성적표 같았다. 항상 좋은 성적표만을 받아야 한다고 생각했다. 누

✽

가 봐도 잘 키웠다는 소리를 듣고 싶었고, 완벽한 엄마가 되고자 노력하고 애썼다. 하지만 뒤돌아보면 그 완벽함을 채우기 위한 애씀이 결국에는 불안과 걱정으로 돌아왔다.

아이들을 자랑하고 싶었던 마음은 어느덧 캄캄한 사춘기라는 터널을 지나면서 있는 그대로의 모습만으로도 감사할 수 있는 마음으로 변했다. 아이는 부모의 자랑거리도 소유도 될 수 없다는 것을 그 긴 터널을 통과하고 나서야 비로소 깨달을 수 있었다. 어려웠던 시간이 준 선물은 완벽한 엄마로 살아가는 것이 아니라 남이 아닌 나를 위해 성장하면서 행복한 엄마로 살아가는 것이었다.

지금 아이는 웃고 있지만 어쩌면 아직 사춘기 터널의 끝에 도착하지 않았을 수도 있다. 그렇더라도 이제는 두렵지 않다. 현재 중요한 것은 아이가 지금 내 앞에서 웃고 이야기를 한다는 것이다. 식구가 다 같이 식탁에 둘러앉아 웃으면서 따뜻한 식사를 함께할 수 있다는 것이다. 크게 바뀐 것은 아이의 모습이 아니라 아이를 바라보는 나의 시선이다. 걱정과 근심의 눈빛이 아니라 믿음으로 아이를 바라봐 주는 신뢰의 눈빛 말이다. 아이에 대한 믿음이 있기에 자퇴 후의 새로운 변화에 맞설 수 있는 용기가 생긴 것이다.

사춘기 터널은 시기와 강도의 차이일 뿐 누구나 한 번씩은 통과한다. 자신을 찾아가고 누구에게도 의존하지 않는 독립된 자아를 찾아가는 첫 여행길이기도 하다. 자식이 힘들어할 때 힘들지 않은 부모가 어디 있겠는가. 그 힘듦을 글로 다 표현할 수도 없고, 표현한다 해도 느끼는 온도의 차는 개인마다 다를 것이다. 아이의 사춘기가 어떤 부모한테는 크게 느껴지기도 하고 어떤 부모에게는 저러면서 넘어가는 거라고 대수롭지 않게 생각할 수도 있다. 그렇지만 지금 사춘기 터널을 통과하고 있는 자녀를 둔 부모의 공통된 마음은 어서 빨리 이 시기가 잘 넘어가기를 바라는 마음뿐일 것이다.

아직도 새로운 장벽에 부딪히면 고꾸라지고 주저앉고 힘들어한다. 그런데도 사랑하는 가족이 있기에 용기 내어 천천히 일어나고, 또 한 발자국 힘차게 내디뎌 본다. 감정 공부를 통해 진심으로 나를 알아가는 시간이 성장의 시작이었고 아이의 마음에 걸린 자물쇠를 열 수 있는 열쇠였다.

＊

　자녀와 힘든 시간을 보내고 있는 엄마들은 한 가지만 기억하기 바란다. 지금까지 너무나 잘하고 있다는 것 말이다. 한 아이의 엄마로, 딸로, 아내로, 직장인으로 그리고 나 자신으로 지금 잘 하고 있는 것이다. 지금처럼 더 나은 성장을 위해 용기 내어 한 발자국 나아가면 된다.

　긴 사춘기 터널을 지나오면서 흘린 눈물이 지금까지 살아오면서 흘린 눈물보다 많았다고 해도 과언이 아닐 것이다. 이처럼 끝이 보이지 않는 시기였지만 모든 것을 인도해 주신 주님을 믿고 기도할 수 있었던 감사의 시간이기도 했다.

　힘든 나와 아이의 모습을 묵묵히 바라보고 기도로 함께 해 준 남편, 사람들은 서로 다른 길이 있으니 너무 걱정하지 말라고 위로해 준 속 깊고 사랑스러운 딸, 매일 우리 집으로 출퇴근하시면서, 힘들어하는 아이와 나의 모습을 가슴 아프게 지켜보시고, 기도와 믿음의 본보기가 되어 주신 친정엄마, 그 외의 모든 가족의 기도와 무한한 사랑에 감사한다.

　마지막으로 수많은 어려움 속에서도 자신을 지키고 자신을 찾아가고 있는 아들에게 감사한다. 함께 숨 쉬고, 웃으며 대화할 수 있

✽

는 이 모든 시간이 감사하고 이렇게 의미 있는 책을 쓸 수 있도록 힘이 되어준 것 또한 감사하다.

　이 책이 아이와 함께 어둡고 긴 사춘기 터널을 지나고 있는 모든 엄마에게 작은 희망과 위로가 되길 소망한다. 또한, 앞으로 다가올 사춘기를 함께 극복해 나갈 예비 사춘기 엄마에게도 행복한 엄마로 성장해 나갈 수 있는 안내서가 되길 바란다. 나 혼자만 힘든 시간을 보내고 있다고 생각하지 말자. 많은 엄마들이 그런 시간을 보냈고 보내고 있다는 것을 잊지 않았으면 좋겠다. 감정 공부를 통해 나와 아이의 감정을 알아가고 힘들고 지친 마음을 위로하고 안아 주자. 있는 그대로 수용하고 포용할 수 있는 큰마음을 가진 엄마로 매일 천천히 성장하길 간절히 기도한다. 나 또한 그런 엄마가 되기 위해 매일 성장할 것이다.

처음부터 끝까지 기도로 이 글을 쓰게 하신
살아계신 하나님의 은혜와 인도하심에 감사합니다.
힘들어하는 모든 엄마의 마음을 어루만져 주셔서
믿음과 평안을 주실 줄 믿습니다. 아멘.

힘든 시기에 힘과 위로가 되었던
'아무것도 두려워 말라'라는 찬양을
지금 사춘기 터널을 통과하고 있는 엄마와
앞으로 그 시기를 맞을 엄마에게 선물하고자 합니다.
아무것도 두려워 말고 걱정하지 마십시오.
지금 처한 모든 것에 감사할 때,
넉넉히 이길 힘이 생기고
모든 힘든 시간이 감사함으로 돌아올 것입니다.

노래: 홍주희
반주: 황윤정